石油企业岗位练兵手册

维修电工

（油气生产单位专用）

（第二版）

大庆油田有限责任公司 编

石油工业出版社

内 容 提 要

本书采用问答形式，对维修电工（油气生产单位专用）应掌握的知识和技能进行了详细介绍。主要内容可分为基本素养、基础知识、基本技能三部分。基本素养包括企业文化、发展纲要和职业道德等内容，基础知识包括与工种岗位密切相关的专业知识和 HSE 知识等内容，基本技能包括操作技能和常见故障判断处理等内容。本书适合维修电工（油气生产单位专用）阅读使用。

图书在版编目（CIP）数据

维修电工：油气生产单位专用 / 大庆油田有限责任公司编 . —2 版 . —北京：石油工业出版社，2023.8
（石油企业岗位练兵手册）
ISBN 978-7-5183-6104-5

Ⅰ . ①维 … Ⅱ . ①大 … Ⅲ . 电工－维系－技术手册 Ⅳ .TM07-62

中国国家版本馆 CIP 数据核字（2023）第 124512 号

出版发行：石油工业出版社
　　　　　（北京市朝阳区安华里 2 区 1 号楼　100011）
　　　　网　　址：www.petropub.com
　　　　编辑部：（010）64256770
　　　　图书营销中心：（010）64523633
经　　销：全国新华书店
印　　刷：北京中石油彩色印刷有限责任公司

2023 年 8 月第 2 版　2024 年 11 月第 3 次印刷
880×1230 毫米　开本：1/32　印张：8.375
字数：207 千字
定价：46.00 元
(如出现印装质量问题，我社图书营销中心负责调换)
版权所有，翻印必究

《维修电工（油气生产单位专用）》编委会

主　　任：陶建文
执行主任：李钟磬
副 主 任：夏克明　胡俊卿
委　　员：全海涛　崔　伟　张智博　武　威　王　勇
　　　　　韦智力　兰　盾

《维修电工（油气生产单位专用）》编审组

孟庆祥	李　馨	王恒斌	常　城	杨明波	刘永涛
吴长森	姜　平	张洪军	刘可夫	车艳利	尹　伍
邹　洁	孙桂兰	戈　莉	张　雷	张　彬	吴　杨
尹卓然	冯　德	赵　阳	于海龙	王　辉	张喜德
方　萍	郑双庆	李虹飞	张春亮	宋宝玉	李晓东
唐泽军	刘俊雄	张安顺			

　　岗位练兵是大庆油田的优良传统,是强化基本功训练、提升员工素质的重要手段。新时期、新形势下,按照全面加强"三基"工作的有关要求,为进一步强化和规范经常性岗位练兵活动,切实提高基层员工队伍的基本素质,按照"实际、实用、实效"的原则,大庆油田有限责任公司人事部组织编写、修订了基层员工《石油企业岗位练兵手册》丛书。围绕提升政治素养和业务技能的要求,本套丛书架构分为基本素养、基础知识、基本技能三部分,基本素养包括企业文化(大庆精神铁人精神、优良传统)、发展纲要和职业道德等内容;基础知识包括与工种岗位密切相关的专业知识和HSE知识等内容;基本技能包括操作技能和常见故障判断处理等内容。本套丛书的编写,严格依据最新行业规范和技术标准,同时充分结合目前专业知识更新、生产设备调整、操作工艺优化等实际情况,具有突出的实用性和规范性的特点,既能作为基层开展岗位练兵、提高业务技能的实用教材，也可以作为员工岗位自学、单位开展技能竞赛的参考资料。

希望各单位积极应用，充分发挥本套丛书的基础性作用，持续、深入地抓好基层全员培训工作，不断提升员工队伍整体素质，为实现公司科学发展提供人力资源保障。同时，希望各单位结合本套丛书的应用实践，对丛书的修改完善提出宝贵意见，以便更好地规范和丰富丛书内容，为基层扎实有效地开展岗位练兵活动提供有力支撑。

大庆油田有限责任公司人事部
2023 年 4 月 28 日

目录

第一部分 基本素养

一、企业文化 ………………………………………… 001
(一) 名词解释 ……………………………………… 001
  1. 石油精神 ……………………………………… 001
  2. 大庆精神 ……………………………………… 001
  3. 铁人精神 ……………………………………… 001
  4. 三超精神 ……………………………………… 002
  5. 艰苦创业的六个传家宝 ……………………… 002
  6. 三要十不 ……………………………………… 002
  7. 三老四严 ……………………………………… 002
  8. 四个一样 ……………………………………… 002
  9. 思想政治工作"两手抓" ……………………… 003
  10. 岗位责任制管理 …………………………… 003
  11. 三基工作 …………………………………… 003

12. 四懂三会 ……………………………………………… 003
13. 五条要求 ……………………………………………… 004
14. 会战时期"五面红旗" ………………………………… 004
15. 新时期铁人 …………………………………………… 004
16. 大庆新铁人 …………………………………………… 004
17. 新时代履行岗位责任、弘扬严实作风"四条要求" ……………………………………………………… 004
18. 新时代履行岗位责任、弘扬严实作风"五项措施" ……………………………………………………… 004

(二) 问答 ……………………………………………………… 004
1. 简述大庆油田名称的由来。 ………………………… 004
2. 中共中央何时批准大庆石油会战？ ………………… 004
3. 什么是"两论"起家？ ………………………………… 005
4. 什么是"两分法"前进？ ……………………………… 005
5. 简述会战时期"五面红旗"及其具体事迹。 ……… 005
6. 大庆油田投产的第一口油井和试注成功的第一口水井各是什么？ ………………………………… 006
7. 大庆石油会战时期讲的"三股气"是指什么？ …… 006
8. 什么是"九热一冷"工作法？ ………………………… 006
9. 什么是"三一""四到""五报"交接班法？ …… 006
10. 大庆油田原油年产 5000 万吨以上持续稳产的时间是哪年？ …………………………………………… 006
11. 大庆油田原油年产 4000 万吨以上持续稳产的时间是哪年？ …………………………………………… 007

12. 中国石油天然气集团有限公司企业精神是
　　什么？ ……………………………………… 007
13. 中国石油天然气集团有限公司的主营业务是
　　什么？ ……………………………………… 007
14. 中国石油天然气集团有限公司的企业愿景和价值
　　追求分别是什么？ ………………………… 007
15. 中国石油天然气集团有限公司的人才发展理念
　　是什么？ …………………………………… 007
16. 中国石油天然气集团有限公司的质量安全环保理念
　　是什么？ …………………………………… 007
17. 中国石油天然气集团有限公司的依法合规理念是
　　什么？ ……………………………………… 008

二、发展纲要 ……………………………………… 008

（一）名词解释 ………………………………… 008
1. 三个构建 ……………………………………… 008
2. 一个加快 ……………………………………… 008
3. 抓好"三件大事" ……………………………… 008
4. 谱写"四个新篇" ……………………………… 008
5. 统筹"五大业务" ……………………………… 008
6. "十四五"发展目标 …………………………… 008
7. 高质量发展重要保障 ………………………… 008

（二）问答 ……………………………………… 009
1. 习近平总书记致大庆油田发现60周年贺信的内容
　　是什么？ …………………………………… 009

2. 当好标杆旗帜、建设百年油田的含义是什么？ …… 009
3. 大庆油田 60 多年的开发建设取得的辉煌历史有哪些？ …… 010
4. 开启建设百年油田新征程两个阶段的总体规划是什么？ …… 010
5. 大庆油田"十四五"发展总体思路是什么？ …… 010
6. 大庆油田"十四五"发展基本原则是什么？ …… 011
7. 中国共产党第二十次全国代表大会会议主题是什么？ …… 011
8. 在中国共产党第二十次全国代表大会上的报告中，中国共产党的中心任务是什么？ …… 011
9. 在中国共产党第二十次全国代表大会上的报告中，中国式现代化的含义是什么？ …… 011
10. 在中国共产党第二十次全国代表大会上的报告中，两步走是什么？ …… 012
11. 在中国共产党第二十次全国代表大会上的报告中，"三个务必"是什么？ …… 012
12. 在中国共产党第二十次全国代表大会上的报告中，牢牢把握的"五个重大原则"是什么？ …… 012
13. 在中国共产党第二十次全国代表大会上的报告中，十年来，对党和人民事业具有重大现实意义和深远意义的三件大事是什么？ …… 012
14. 在中国共产党第二十次全国代表大会上的报告中，坚持"五个必由之路"的内容是什么？ …… 012

三、职业道德 ………………………………… 013

（一）名词解释 ………………………………… 013

1. 道德 ………………………………………… 013
2. 职业道德 …………………………………… 013
3. 爱岗敬业 …………………………………… 013
4. 诚实守信 …………………………………… 013
5. 劳动纪律 …………………………………… 013
6. 团结互助 …………………………………… 013

（二）问答 ……………………………………… 014

1. 社会主义精神文明建设的根本任务是什么？……… 014
2. 我国社会主义道德建设的基本要求是什么？……… 014
3. 为什么要遵守职业道德？……………………… 014
4. 爱岗敬业的基本要求是什么？………………… 014
5. 诚实守信的基本要求是什么？………………… 014
6. 职业纪律的重要性是什么？…………………… 015
7. 合作的重要性是什么？………………………… 015
8. 奉献的重要性是什么？………………………… 015
9. 奉献的基本要求是什么？……………………… 015
10. 企业员工应具备的职业素养是什么？………… 015
11. 培养"四有"职工队伍的主要内容是什么？…… 015
12. 如何做到团结互助？…………………………… 015
13. 职业道德行为养成的途径和方法是什么？…… 016
14. 员工违规行为处理工作应当坚持的原则是什么？… 016
15. 对员工的奖励包括哪几种？…………………… 016

16. 员工违规行为处理的方式包括哪几种？ ············ 016

17. 《中国石油天然气集团公司反违章禁令》有哪些规定？ ··· 016

第二部分　基础知识

一、专业知识 ··· 018

（一）名词解释 ····································· 018

 1. 相序 ·· 018

 2. 电动势 ··· 018

 3. 电流 ·· 018

 4. 电压 ·· 018

 5. 电阻 ·· 018

 6. 磁场 ·· 018

 7. 自感 ·· 018

 8. 互感 ·· 019

 9. 正弦交流电 ·································· 019

 10. 三相交流电 ································ 019

 11. 相电压 ······································· 019

 12. 线电压 ······································· 019

 13. 相电流 ······································· 019

 14. 线电流 ······································· 019

 15. 电功率 ······································· 019

 16. 有功功率 ···································· 019

17. 无功功率 …………………………………………… 019
18. 视在功率 …………………………………………… 019
19. 无功补偿 …………………………………………… 019
20. 功率因数 …………………………………………… 020
21. 额定电压 …………………………………………… 020
22. 额定电流 …………………………………………… 020
23. 额定容量 …………………………………………… 020
24. 空载损耗 …………………………………………… 020
25. 变压器的空载电流 ………………………………… 020
26. 阻抗电压 …………………………………………… 020
27. 连接组别 …………………………………………… 020
28. 开断电流 …………………………………………… 020
29. PLC ………………………………………………… 020
30. 变频器 ……………………………………………… 021
31. 变压器 ……………………………………………… 021
32. 变压器的经济负载 ………………………………… 021
33. 中性点 ……………………………………………… 021
34. 中性点位移 ………………………………………… 021
35. 谐波 ………………………………………………… 021
36. 接地 ………………………………………………… 021
37. 工作接地 …………………………………………… 021
38. 运用中的电气设备 ………………………………… 021
39. 接地电阻 …………………………………………… 022
40. 接地短路 …………………………………………… 022
41. 接地电流 …………………………………………… 022
42. 对地电压 …………………………………………… 022
43. 跨步电压 …………………………………………… 022

44. 负荷率 ………………………………………… 022

45. 三相三线制 ……………………………………… 022

46. 三相四线制 ……………………………………… 022

47. 三相五线制 ……………………………………… 022

48. 对称三相负载 …………………………………… 022

49. 电力系统的负荷 ………………………………… 022

50. 直击雷过电压 …………………………………… 022

51. 感应雷过电压 …………………………………… 023

52. 电气接线图 ……………………………………… 023

53. 频率 ……………………………………………… 023

54. 振幅 ……………………………………………… 023

55. 周期 ……………………………………………… 023

56. 可编程控制器存储器 …………………………… 023

57. I/O 接口电路 …………………………………… 023

58. 系统程序 ………………………………………… 023

59. 输入 / 输出点数 ………………………………… 023

60. LD 指令 ………………………………………… 023

61. LDI 指令 ………………………………………… 024

62. OUT 指令 ……………………………………… 024

63. SET 指令 ………………………………………… 024

64. RST 指令 ………………………………………… 024

65. PAM ……………………………………………… 024

66. PWM ……………………………………………… 024

67. 电压型变频器 …………………………………… 024

68. 电流型变频器 …………………………………… 024

69. 工频电源 ………………………………………… 024

70. 启动电流 ………………………………………… 024

71. 闭环 …… 024
72. 失速 …… 025
73. 再生制动 …… 025
74. 变频分辨率 …… 025
75. 矢量控制 …… 025
76. 直流调速 …… 025
77. 交流变频调速 …… 025
78. 矢量变频调速 …… 025
79. 伺服控制系统 …… 025
80. HMI …… 025
81. 现场总线 …… 025
82. 分布式控制 …… 026
83. 自动调校 …… 026
84. 采样 …… 026
85. 采样周期 …… 026
86. 仪表硬件 …… 026
87. 仪表软件 …… 026
88. 屏蔽 …… 026
89. 调节器参数整定 …… 026
90. 仪表防爆 …… 026
91. 智能仪表 …… 026

(二) 问答 …… 027
1. 使用钳形电流表测电流应注意哪些问题？ …… 027
2. 如何使用万用表？ …… 027
3. 如何使用数字万用表测量 20μF 以下电容的容量？ …… 028
4. 使用数字万用表应注意哪些问题？ …… 028

5. 使用兆欧表应注意哪些问题？ …………………… 029
6. 使用单臂直流电桥应注意哪些问题？ …………… 030
7. 使用双臂直流电桥应注意哪些问题？ …………… 030
8. 接地电阻测量仪摇测注意事项有哪些？ ………… 031
9. 兆欧表使用前应做哪些检查？ …………………… 031
10. 常用导线按结构特点分类有哪几种？
    导线由哪几部分构成？ …………………………… 031
11. 绞线按结构分为哪几种？其特点及用途
    如何？ ……………………………………………… 031
12. 电力电缆主要由哪几部分组成？各部分作用
    如何？ ……………………………………………… 032
13. 电缆头分为哪几种？ ……………………………… 032
14. 低压四芯电缆中性线有什么作用？ ……………… 032
15. 电力电缆具有哪些优点？ ………………………… 032
16. 哪些地方不适合敷设电缆？ ……………………… 033
17. 硬母线为什么要装伸缩补偿装置？ ……………… 033
18. 常用电缆线芯截面规格有哪些？ ………………… 033
19. 常用导线的安全载流量为多少安培？ …………… 033
20. 导线截面的选择有哪几种方法？ ………………… 037
21. GW1型高压隔离开关由哪几部分组成？ ………… 038
22. 如何防止运行中的电力变压器损坏？ …………… 038
23. 变压器是如何分类的？ …………………………… 038
24. 变压器为什么常采用并列运行的方式？ ………… 038
25. 变压器并列运行的条件有哪些？ ………………… 038
26. 变压器温度表显示的是变压器哪个部位的
    温度？ ……………………………………………… 039
27. 变压器运行中温度有哪些规定？温度与温升有什么

区别？ ………………………………………… 039
28. 配电变压器分接开关的工作原理是什么？ ……… 039
29. 配电变压器的气体继电器工作原理是什么？ …… 039
30. 电焊变压器的特点是什么？ ……………………… 040
31. 为什么拉开跌落式熔断器要按中间相—下风相—
    上风相的顺序？ …………………………………… 040
32. 如何选择熔断器？ ………………………………… 040
33. 高压电器在电力系统中按其作用可以分为
    哪几种？ …………………………………………… 041
34. 低压电器的工作电压范围是多少？ ……………… 041
35. 低压刀开关、负荷开关、断路器各自有什么
    特点？ ……………………………………………… 041
36. 交流接触器的结构包括哪几部分？各部分
    作用是什么？ ……………………………………… 041
37. 电磁式接触器的工作原理是什么？ ……………… 042
38. 交流接触器的基本参数有哪些？ ………………… 042
39. 交流接触器的动作值是怎样规定的？ …………… 042
40. 交流接触器的通断能力是怎样规定的？ ………… 042
41. 如何根据使用条件确定交流接触器的额定
    电流？ ……………………………………………… 042
42. 空气断路器有哪些作用？ ………………………… 043
43. 当线路发生短路或严重过载电流时，空气
    断路器的动作原理是什么？ ……………………… 043
44. 当线路发生一般性过载时，空气断路器的
    动作原理是什么？ ………………………………… 043
45. 断路器选型时主要考虑哪些问题？ ……………… 043
46. 漏电保护器工作原理是什么？ …………………… 044

47. 热继电器的工作原理是什么？ …………………… 044
48. 什么是热继电器的整定电流？其保护特性是什么？ ………………………………………… 044
49. 时间继电器如何选型？ …………………………… 044
50. 常用时间继电器有哪些类型？各自的特性和用途是什么？ ……………………………………… 045
51. 转换开关由哪几部分组成？工作原理是什么？ … 045
52. 电流互感器原理是什么？ ………………………… 046
53. 电流互感器的作用是什么？ ……………………… 046
54. 三相异步电动机的工作原理是什么？ …………… 046
55. 电动机的型号 Y2-160M1-8 的含义是什么？ …… 046
56. 抽油机常用哪种形式的电动机？有什么特点？ … 047
57. 三相异步电动机运行时，为什么转子转速总是低于其同步转速？ …………………………… 047
58. 采用变频器驱动电动机，与直接启动的电动机相比，其启动电流、启动转矩有何变化？ ……… 047
59. PLC 的输入方式有几种？ ………………………… 047
60. PLC 的应用范围有哪些？ ………………………… 048
61. GGD 开关柜具有哪些结构特点？ ………………… 048
62. MNS 型低压开关柜（抽屉柜）具有哪些结构特点？ ……………………………………………… 048
63. GGD 型交流低压开关柜的优缺点有哪些？ ……… 049
64. GCK、GCS、MNS 型低压开关柜（抽屉柜）的优缺点有哪些？ ……………………………… 049
65. 电网谐波来源于哪些设备？ ……………………… 049
66. 改善供电线路电压偏差的主要措施有哪些？ …… 050

67. 提高电网负载的功率因数对电网有什么影响？ 050
68. 提高负荷率有什么好处？ 050
69. 电路由哪几部分组成的？各部分的作用是什么？ 050
70. 常用电气图形符号有哪些？ 050
71. 如何绘制白炽灯、日光灯电路？ 051
72. 如何绘制高压钠灯、汞灯、卤钨灯电气原理图？ 052
73. 如何绘制三相异步电动机点动及连续运行电路？ 053
74. 如何绘制单相电度表测量电路？ 053
75. 如何绘制低压配电网接地方式及安全保护方式 TN-C、TN-S、TT、TN-C-S 系统接线图？ 054
76. 常用电工计算公式有哪些？ 055
77. 三相电功率及功率因数如何计算？ 056
78. 电气设备的接地一般有哪几种类型？ 057
79. 螺杆泵井电动机变频拖动及控制电路常见故障有哪些？各类故障的处理要点有哪些？ 058
80. 实际生产中的工、变频基本操作步骤有哪些？ 058
81. 双速、双功率电动机综合保护器有哪些功能？ 059
82. 双速、双功率电动机综合保护器能调整哪些参数？ 059
83. 双速、双功率电动机综合保护器发光管能显示哪些运行信息？ 059
84. PLC 的一个扫描周期可分为几个阶段？ 059
85. PLC 和继电器控制电路工作原理有什么差别？ 060

86. PLC 按什么标准进行分类？ ……………………… 060
87. 什么是梯形图中的左、右母线？ ……………… 060
88. PLC 与继电器控制系统在工作方式上有什么
    区别？ …………………………………………… 060
89. 三菱 FX2N 系列 PLC 的面板结构包含哪些
    内容？ …………………………………………… 060
90. 什么是 PLC 的输入继电器？ …………………… 061
91. 什么是 PLC 的输出继电器？ …………………… 061
92. 变频器的组成是什么？ ………………………… 061
93. 矢量控制是怎样改善电动机的输出转矩
    能力的？ ………………………………………… 061
94. 为什么变频器的电压与电流成比例的改变？ …… 062
95. 电动机使用工频电源驱动时，电压下降则电流增加；
    对于变频器驱动，如果频率下降时电压也下降，
    那么电流是否增加？ …………………………… 062
96. 采用变频器运转时，电动机的启动电流、启动
    转矩会是怎样？ ………………………………… 062
97. 按比例地改 V 和 f 时，电动机的转矩如何
    变化？ …………………………………………… 062
98. 变频器按电压等级如何分类？ ………………… 063
99. 对于一般电动机的组合是在 60Hz 以上也要求转
    矩一定，是否可以？ …………………………… 063
100. 实际转速对于给定速度有偏差时如何办？ …… 063
101. 为什么用离合器连接负载时，变频器的保护
     功能就动作？ …………………………………… 063
102. 装设变频器时安装方向是否有限制？ ………… 063
103. 不采用软起动，将电动机直接投入到某固定

　　　　　频率的变频器时是否可以？ …………………… 064
　104. 电动机超过 60Hz 运转时应注意什么问题？ ……… 064
　105. 变频器可以传动齿轮电动机吗？ ………………… 064
　106. 为什么不能在 6～60Hz 全区域连续运转
　　　　使用？ ………………………………………………… 064
　107. 变频器的寿命有多久？ ……………………………… 064
　108. 变频器内装有冷却风扇，风的方向如何？
　　　　风扇若是坏了会怎样？ ……………………………… 065
　109. 使用带制动器的电动机时应注意什么？ ………… 065
　110. 超声波流量计有何特点？ …………………………… 065
　111. 电磁流量计有何特点？ ……………………………… 065
　112. 本质安全型仪表有何特点？ ………………………… 066
　113. 智能变送器有何特点？ ……………………………… 066
　114. 隔爆型仪表有何特点？ ……………………………… 066
　115. 什么是科氏力质量流量计？ ………………………… 067
　116. 电涡流传感器是怎样测量振动和位移的？ ……… 067

二、HSE 知识 ……………………………………………… 067
　（一）名词解释 …………………………………………… 067
　　1. 静电 …………………………………………………… 067
　　2. 触电 …………………………………………………… 067
　　3. 跨步电压触电 ………………………………………… 068
　　4. 保护接零 ……………………………………………… 068
　　5. 保护接地 ……………………………………………… 068
　　6. 燃烧 …………………………………………………… 068
　　7. 闪燃 …………………………………………………… 068
　　8. 自燃 …………………………………………………… 068

9. 着火 ·· 068
10. 爆燃 ··· 068
11. 爆炸极限 ··· 068
12. 火灾 ··· 068
13. 冷却法 ··· 069
14. 窒息法 ··· 069
15. 隔离法 ··· 069
16. 高处作业 ··· 069
17. 危险化学品 ······································· 069
18. 噪声 ··· 069
19. 特种作业 ··· 069
20. 电击伤害 ··· 069
21. 风险 ··· 069
22. 危险 ··· 069
23. 风险评价 ··· 069
24. 风险控制 ··· 070

(二) 问答 ·· 070
1. 哪些物质易产生静电？ ······························ 070
2. 物质产生静电的条件是什么？ ························ 070
3. 为什么静电能将可燃物引燃？ ························ 070
4. 防止静电有哪几种措施？ ···························· 070
5. 消除静电的方法有哪几种？ ·························· 070
6. 人体发生触电的原因是什么？ ························ 070
7. 触电分为哪几种？ ·································· 071
8. 触电的现场急救方法主要有几种？ ···················· 071
9. 发生人身触电应该怎么办？ ·························· 071
10. 如何使触电者脱离电源？ ··························· 071

11. 预防触电事故的措施有哪些? ……………………… 071
12. 安全用电注意事项有哪些? ……………………… 071
13. 燃烧分为哪几类? ………………………………… 072
14. 燃烧必须具备哪几个条件? ……………………… 072
15. 火灾过程一般分为哪几个阶段? ………………… 072
16. 扑救火灾的原则是什么? ………………………… 072
17. 灭火有哪些方法? ………………………………… 072
18. 油气站库常用的消防器材有哪些? ……………… 072
19. 目前油田常用的灭火器有哪些? ………………… 073
20. 手提式干粉灭火器如何使用？适用哪些火灾的扑救? ……………………………………………… 073
21. 使用干粉灭火器的注意事项有哪些? …………… 073
22. 如何检查管理干粉灭火器? ……………………… 073
23. 如何报火警? ……………………………………… 073
24. 泵房发生火灾的应急措施有哪些? ……………… 074
25. 化验室发生火灾的应急措施有哪些? …………… 074
26. 油、气、电着火如何处理? ……………………… 074
27. 压力容器泄漏、着火、爆炸的原因及消减措施是什么? ……………………………………………… 075
28. 对火灾事故"四不放过"的处理原则是什么? … 075
29. 为什么要使用防爆电气设备? …………………… 075
30. 哪些场所应使用防爆电气设备? ………………… 075
31. 防爆有哪些措施? ………………………………… 076
32. 高处作业级别如何划分? ………………………… 076
33. 登高巡回检查应注意什么? ……………………… 076
34. 高处坠落的原因是什么? ………………………… 076
35. 高处坠落的消减措施是什么? …………………… 076

36. 安全带通常使用期限为几年？几年抽检一次？ …… 077
37. 使用安全带时有哪些注意事项？ …………………… 077
38. 哪些原因容易导致发生机械伤害？ ………………… 077
39. 为防止机械伤害事故，安全要求有哪些？ ………… 077
40. 机泵容易对人体造成哪些直接伤害？ ……………… 077
41. 哪些伤害必须就地抢救？ …………………………… 077
42. 外伤急救步骤是什么？ ……………………………… 077
43. 有害气体中毒的急救措施有哪些？ ………………… 078
44. 烧伤、烫伤急救要点是什么？ ……………………… 078
45. 触电急救有哪些原则？ ……………………………… 078
46. 触电急救要点是什么？ ……………………………… 078
47. 如何判定触电伤员的呼吸、心跳情况？ …………… 078
48. 高处坠落急救要点是什么？ ………………………… 079
49. 如何进行口对口（鼻）人工呼吸？ ………………… 079
50. 如何对伤员进行胸外按压？ ………………………… 079
51. 心肺复苏法操作频率有什么规定？ ………………… 080
52. 保证安全的组织措施有哪些？ ……………………… 080
53. 保证安全的技术措施有哪些？ ……………………… 080
54. 验电多长时间装设接地线？为什么要装设接地线？ …………………………………………………… 080
55. 《安规》要求有几种标示牌？各是什么？ ………… 080
56. 电工常用绝缘安全用具试验周期是如何规定的？ …………………………………………………… 081
57. 《电业安全工作规程》中对各类作业人员的教育和培训是如何规定的？ ………………………… 082
58. 安全规程中规定电气工作人员应具备哪些条件？ ……………………………………………… 083

59. 什么是现场观察法？ ………………………………… 083
60. 油气田开发常见危险有害因素包括哪几大类？ ……………………………………………… 083

第三部分　基本技能

一、操作技能 ……………………………………… 084

1. 使用活动扳手松、紧螺母。 ……………………… 084
2. 使用钢丝钳制作导线连接接头。 ………………… 085
3. 使用螺钉旋具松、紧螺钉。 ……………………… 086
4. 使用游标卡尺测量工件。 ………………………… 087
5. 使用外径千分尺测量工件。 ……………………… 087
6. 使用剥线钳剥削导线绝缘层。 …………………… 089
7. 使用压接钳连接导线。 …………………………… 089
8. 使用电工刀剖削导线绝缘层。 …………………… 090
9. 使用錾子凿电缆沟、槽。 ………………………… 091
10. 使用手锯锯割钢管。 …………………………… 092
11. 使用水平尺测量安装器件水平情况。 ………… 093
12. 使用安全带作业。 ……………………………… 093
13. 使用脚扣登杆。 ………………………………… 095
14. 使用钢锉锉削工件。 …………………………… 096
15. 使用手电钻给工件钻孔。 ……………………… 097
16. 使用电烙铁焊接电子元件。 …………………… 097
17. 使用喷灯作业。 ………………………………… 099
18. 使用低压验电器验电。 ………………………… 100
19. 使用 6（10）kV 高压验电器验电。 …………… 100

20. 使用绝缘拉杆操作。 …………………………………… 102
21. 检查、使用绝缘手套。 ………………………………… 103
22. 检查、使用绝缘靴。 …………………………………… 104
23. 安装接地线。 …………………………………………… 104
24. 使用指针式万用表测量电阻。 ………………………… 106
25. 使用指针式万用表测量交流电压。 …………………… 107
26. 使用指针式万用表判断二极管极性与性能。 ……… 108
27. 使用指针式万用表判断小型三相异步电动机的
    同步转速。 …………………………………………… 109
28. 使用兆欧表测量电动机绝缘电阻。 …………………… 110
29. 使用兆欧表测量电缆绝缘电阻。 ……………………… 112
30. 使用 QJ23 单臂直流电桥测量小型电动机绕组
    直流电阻。 …………………………………………… 113
31. 使用 QJ44 双臂直流电桥测量电动机绕组直流
    电阻。 ………………………………………………… 115
32. 使用钳形电流表测量交流电流。 ……………………… 117
33. 使用验电笔区分交流电和直流电。 …………………… 118
34. 使用 ZC-8 型手摇式接地电阻测试仪测接地
    电阻。 ………………………………………………… 119
35. 使用 ZC-8 型手摇式接地电阻测试仪测
    土壤电阻率。 ………………………………………… 122
36. 拉开 GW1 隔离开关（防盗操作机构）。 …………… 123
37. 合 GW1 隔离开关（防盗操作机构）。 ……………… 125
38. 拉合 GW9 隔离开关。 ………………………………… 126
39. 检查防雷装置。 ………………………………………… 128
40. 操作跌落熔断器。 ……………………………………… 129
41. 检查启动前的三相异步电动机。 ……………………… 130

42. 检查小型三相配电变压器的绝缘故障。……… 132
43. 油井变压器补油。……………………………… 134
44. 使用单（双）臂直流电桥测量配电变压器
    线圈直流电阻。……………………………… 135
45. 使用数字式万用表测量交、直流电压。……… 137
46. 站用变并联电容器组停、送电操作。………… 138
47. 测量抽油机控制箱并联电容器绝缘电阻。…… 139
48. 单股导线的直线连接。………………………… 140
49. 单股导线的T形连接。………………………… 142
50. 多股导线的直线连接。………………………… 143
51. 多股导线的T形连接。………………………… 144
52. 制作低压电缆头。……………………………… 145
53. 敷设电缆线的操作。…………………………… 146
54. 巡视井场电气设备。…………………………… 147
55. 巡视配电柜。…………………………………… 148
56. 用直流法（干电池法）判断小型三相异步
    电动机首尾端。……………………………… 149
57. 用剩磁法判断异步电动机绕组首尾端。……… 149
58. 安装顺序启动控制电路。……………………… 151
59. 拆卸电动机前轴承。…………………………… 152
60. 安装电动机前轴承。…………………………… 153
61. 用钳形电流表测量三相异步电动机的
    空载电流。…………………………………… 154
62. 漏电保护器的接线。…………………………… 155
63. 安装灯具。……………………………………… 156
64. 变频器的日常检查。…………………………… 157
65. 变频器的定期维护。…………………………… 158

66. 变频器通电前的检查。……………………………… 159

67. 用 PLC 完成电机 Y-Δ 启动控制电路接线。……… 160

68. 测量变频器的绝缘电阻。…………………………… 161

69. 用三菱 GX Works2 软件中模拟器试验电动机
点动运行程序操作。………………………………… 163

70. 压力变送器高度差的修正。………………………… 164

71. 热电偶测温检查操作。……………………………… 165

72. 浮筒液位（界位）变送器日常检查。……………… 166

73. 气动差压变送器检查操作。………………………… 167

74. 用手操器在线读取 FCX 智能变送器参数。……… 169

二、常见故障判断与处理 …………………………… 169

1. 三相电压平衡但三相电压高于或低于额定电压 ±10%
以上故障有什么现象？故障原因有哪些？
如何处理？………………………………………… 169

2. 三相电压不平衡超过 5% 故障有什么现象？
故障原因有哪些？如何处理？…………………… 170

3. 电动机运行不平稳有什么现象？故障原因有哪些？
如何处理？………………………………………… 171

4. 电动机三相电源缺相故障有什么现象？故障
原因有哪些？如何处理？………………………… 172

5. 电动机主回路缺相故障有什么现象？故障原因
有哪些？如何处理？……………………………… 173

6. 电动机温度超过允许值故障有什么现象？故障
原因有哪些？如何处理？………………………… 174

7. 电动机绕组接地故障有什么现象？故障原因
有哪些？如何处理？……………………………… 175

8. 停运电动机绕组受潮、绝缘电阻下降故障有什么
现象？故障原因有哪些？如何处理？ ················ 176
9. 电动机过载故障有什么现象？故障原因有哪些？
如何处理？ ·· 177
10. 电动机转速低于额定转速故障有什么现象？
故障原因有哪些？如何处理？ ····························· 178
11. 电动机运行时轴承过热故障有什么现象？故障
原因有哪些？如何处理？ ···································· 179
12. 单相电动机通电后不启动故障有什么现象？
故障原因有哪些？如何处理？ ····························· 180
13. 白炽灯不亮故障有什么现象？故障原因有哪些？
如何处理？ ·· 181
14. 单管日光灯不亮故障有什么现象？故障原因
有哪些？如何处理？ ·· 182
15. 高压汞灯照明常见的故障有什么现象？故障原因
有哪些？如何处理？ ·· 184
16. 插座常见故障有什么现象？故障原因有哪些？
如何处理？ ·· 185
17. 插座线路漏电故障有什么现象？故障原因有哪些？
如何处理？ ·· 186
18. 漏电断路器误动或拒动故障有什么现象？故障
原因有哪些？如何处理？ ···································· 187
19. 电缆线路故障有什么现象？如何检查判断？
如何处理？ ·· 189
20. 三相四线制配电系统零线断路故障有什么现象？
如何检查判断？如何处理？ ································ 191

21. CW 型万能式断路器常见故障有什么现象？
   故障原因有哪些？如何处理？ ·················· 192
22. NA1-2000～6300 万能式断路器常见故障有
   什么现象？故障原因有哪些？如何处理？ ········ 196
23. 熔断器常见故障有什么现象？故障原因有哪些？
   如何处理？ ·· 202
24. 电流互感器计量回路故障有什么现象？如何
   检查判断？如何处理？ ·································· 203
25. 单相机械式电能表故障有什么现象？如何检查
   判断？如何处理？ ·· 206
26. 电容器的保护装置跳闸故障有什么现象？如何
   检查判断？如何处理？ ·································· 207
27. 电热带故障有什么现象？故障原因有哪些？
   如何处理？ ·· 208
28. PLC 常见的故障有什么现象？故障原因有哪些？
   如何处理？ ·· 209
29. PLC 实现电动机点动控制常见的故障有什么现象？
   故障原因有哪些？如何处理？ ······················· 209
30. 用软件编写电动机点动运行程序常见的故障
   有什么现象？故障原因有哪些？如何处理？ ······· 210
31. 三菱 PLC485 通信模块常见的故障有什么现象？
   故障原因有哪些？如何处理？ ······················· 211
32. 变频器送电失败故障有什么现象？故障原因
   有哪些？如何处理？ ···································· 211
33. 变频器送电无反应故障有什么现象？故障原因
   有哪些？如何处理？ ···································· 212

34. 变频器启动无反应故障有什么现象？故障原因有哪些？如何处理？ ………………………………… 212

35. 变频器过电压故障有什么现象？故障原因有哪些？如何处理？ ………………………………………… 213

36. 变频器过电流故障有什么现象？故障原因有哪些？如何处理？ ………………………………………… 213

37. 变频器过热故障有什么现象？故障原因有哪些？如何处理？ …………………………………………… 213

38. 变频器接地故障有什么现象？故障原因有哪些？如何处理？ …………………………………………… 214

39. 变频器制动故障有什么现象？故障原因有哪些？如何处理？ …………………………………………… 214

40. 变频器电容故障有什么现象？故障原因有哪些？如何处理？ …………………………………………… 215

41. 变频器散热片（oh1）故障有什么现象？故障原因有哪些？如何处理？ …………………………… 215

42. 变频器内过热（oh3）故障有什么现象？故障原因有哪些？如何处理？ …………………………… 215

43. 变频器外部条件故障有什么现象？故障原因有哪些？如何处理？ …………………………………… 216

44. 变频器过载（olu）故障有什么现象？故障原因有哪些？如何处理？ ……………………………… 216

45. 压力变送器读数不准故障的原因及处理方法？ ……………………………………………… 217

46. 温度变送器输出电流故障的原因及处理方法？ ……………………………………………… 218

47. 温度变送器的温度不准故障的原因及
   处理方法？ ………………………………… 219
48. 电磁流量计的数值无规律跳动故障的原因及
   处理方法？ ………………………………… 220
49. 电动执行机构无反馈信号故障原因及处理
   方法？ ……………………………………… 220

第四部分　安全风险识别与预防措施

一、人的不安全行为（状态） ………………… 221
   1. 安全风险识别 ……………………………… 221
   2. 防控措施 …………………………………… 221

二、触电 ………………………………………… 222
   1. 安全风险识别 ……………………………… 222
   2. 防控措施 …………………………………… 222

三、高空坠落 …………………………………… 224
   1. 安全风险识别 ……………………………… 224
   2. 防控措施 …………………………………… 225

四、机械伤害 …………………………………… 226
   1. 安全风险识别 ……………………………… 226
   2. 防控措施 …………………………………… 226

五、物体打击 …… 227
1. 安全风险识别 …… 227
2. 防控措施 …… 227

六、起重伤害 …… 228
1. 安全风险识别 …… 228
2. 防控措施 …… 228

七、火灾 …… 229
1. 安全风险识别 …… 229
2. 防控措施 …… 229

八、中毒、窒息 …… 230
1. 安全风险识别 …… 230
2. 防控措施 …… 230

参考文献 …… 231

第一部分
基本素养

 企业文化

（一）名词解释

1. **石油精神**：石油精神以大庆精神铁人精神为主体，是对石油战线企业精神及优良传统的高度概括和凝练升华，是我国石油队伍精神风貌的集中体现，是历代石油人对人类精神文明的杰出贡献，是石油石化企业的政治优势和文化软实力。其核心是"苦干实干""三老四严"。

2. **大庆精神**：为国争光、为民族争气的爱国主义精神；独立自主、自力更生的艰苦创业精神；讲究科学、"三老四严"的求实精神；胸怀全局、为国分忧的奉献精神，凝练为"爱国、创业、求实、奉献"8个字。

3. **铁人精神**："为国分忧、为民族争气"的爱国主义精神；"宁肯少活二十年，拼命也要拿下大油田"的忘我拼搏精神；"有条件要上，没有条件创造条件也要上"的艰苦奋斗精神；"干工作要经得起子孙万代检查""为革命练一身硬功夫、真本事"的科学求实精神;"甘愿为党和人民当一辈子老黄牛"、埋头苦干的无私奉献精神。

4. **三超精神**:超越权威,超越前人,超越自我。

5. **艰苦创业的六个传家宝**:人拉肩扛精神,干打垒精神,五把铁锹闹革命精神,缝补厂精神,回收队精神,修旧利废精神。

6. **三要十不**:"三要":一要甩掉石油工业的落后帽子;二要高速度、高水平拿下大油田;三要在会战中夺冠军,争取集体荣誉。"十不":第一,不讲条件,就是说有条件要上,没有条件创造条件上;第二,不讲时间,特别是工作紧张时,大家都不分白天黑夜地干;第三,不讲报酬,干啥都是为了革命,为了石油,而不光是为了个人的物质报酬而劳动;第四,不分级别,有工作大家一起干;第五,不讲职务高低,不管是局长、队长,都一起来;第六,不分你我,互相支援;第七,不分南北东西,就是不分玉门来的、四川来的、新疆来的,为了大会战,一个目标,大家一起上;第八,不管有无命令,只要是该干的活就抢着干;第九,不分部门,大家同心协力;第十,不分男女老少,能干什么就干什么、什么需要就干什么。这"三要十不",激励了几万职工团结战斗、同心协力、艰苦创业,一心为会战的思想和行动,没有高度觉悟是做不到的。

7. **三老四严**:对待革命事业,要当老实人,说老实话,办老实事;对待工作,要有严格的要求,严密的组织,严肃的态度,严明的纪律。

8. **四个一样**:对待革命工作要做到,黑天和白天一个样,坏天气和好天气一个样,领导不在场和领导在场一个样,没有人检查和有人检查一个样。

9. 思想政治工作"两手抓"：抓生产从思想入手，抓思想从生产出发。这是大庆人正确处理思想政治工作与经济工作关系的基本原则，也是大庆人思想政治工作的一条基本经验。

10. 岗位责任制管理：大庆油田岗位责任制，是大庆石油会战时期从实践中总结出来的一整套行之有效的基础管理方法，也是大庆油田特色管理的核心内容。其实质就是把全部生产任务和管理工作落实到各个岗位上，给企业每个岗位人员都规定出具体的任务、责任，做到事事有人管，人人有专责，办事有标准，工作有检查。它包括工人岗位责任制、基层干部岗位责任制、领导干部和机关干部岗位责任制。工人岗位责任制一般包括岗位专责制、交接班制、巡回检查制、设备维修保养制、质量负责制、岗位练兵制、安全生产制、班组经济核算制等8项制度；基层干部岗位责任制包括岗位专责制、工作检查制、生产分析制、经济活动分析制、顶岗劳动制、学习制度等6项制度；领导干部和机关干部岗位责任制包括岗位专责制、现场办公制、参加劳动制、向工人学习日制、工作总结制、学习制度等6项制度。

11. 三基工作：以党支部建设为核心的基层建设，以岗位责任制为中心的基础工作，以岗位练兵为主要内容的基本功训练。

12. 四懂三会：这是在大庆石油会战时期提出的对各行各业技术工人必备的基本知识、基本技能的基本要求，也是"应知应会"的基本内容。四懂即懂设备结构、懂设备原理、懂设备性能、懂工艺流程。三会即会操作、会维修保养、会排除故障。

13. **五条要求**：人人出手过得硬，事事做到规格化，项项工程质量全优，台台在用设备完好，处处注意勤俭节约。

14. **会战时期"五面红旗"**：王进喜、马德仁、段兴枝、薛国邦、朱洪昌。

15. **新时期铁人**：王启民。

16. **大庆新铁人**：李新民。

17. **新时代履行岗位责任、弘扬严实作风"四条要求"**：要人人体现严和实，事事体现严和实，时时体现严和实，处处体现严和实。

18. **新时代履行岗位责任、弘扬严实作风"五项措施"**：开展一场学习，组织一次查摆，剖析一批案例，建立一项制度，完善一项机制。

（二）问答

1. 简述大庆油田名称的由来。

1959年9月26日，新中国成立十周年大庆前夕，位于黑龙江省原肇州县大同镇附近的松基三井喷出了具有工业价值的油流，为了纪念这个大喜大庆的日子，当时黑龙江省委第一书记欧阳钦同志建议将该油田定名为大庆油田。

2. 中共中央何时批准大庆石油会战？

1960年2月13日，石油工业部以党组的名义向中共中央、国务院提出了《关于东北松辽地区石油勘探情况和今后部署问题的报告》。1960年2月20日中共中央正式批准大庆石油会战。

3. 什么是"两论"起家？

1960年4月10日，大庆石油会战一开始，会战领导小组就以石油工业部机关党委的名义作出了《关于学习毛泽东同志所著〈实践论〉和〈矛盾论〉的决定》，号召广大会战职工学习毛泽东同志的《实践论》《矛盾论》和毛泽东同志的其他著作，以马列主义、毛泽东思想指导石油大会战，用辩证唯物主义的立场、观点、方法，认识油田规律，分析和解决会战中遇到的各种问题。广大职工说，我们的会战是靠"两论"起家的。

4. 什么是"两分法"前进？

即在任何时候，对任何事情，都要用"两分法"，形势好的时候要看到不足，保持清醒的头脑，增强忧患意识，形势严峻的时候更要一分为二，看到希望，增强发展的信心。

5. 简述会战时期"五面红旗"及其具体事迹。

"五面红旗"喻指大庆石油会战初期涌现的五位先进榜样：王进喜、马德仁、段兴枝、薛国邦、朱洪昌。钻井队长王进喜带领队伍人拉肩扛抬钻机，端水打井保开钻，在发生井喷的危急时刻，奋不顾身跳下泥浆池，用身体搅拌泥浆制服井喷。钻井队长马德仁在泥浆泵上水管线冻结时，不畏严寒，破冰下泥浆池，疏通上水管线。钻井队长段兴枝在吊车和拖拉机不足的情况下，利用钻机本身的动力设施，解决了钻机搬家的困难。大庆油田第一个采油队队长薛国邦自制绞车，给第一批油井清蜡，又手持蒸汽管下到油池里化开凝结的原油，保证了大庆油田首次原油外运列车顺利启程。工程队队长朱洪昌在供水管线漏水时，用手捂着漏点，忍着灼烧的疼痛，让焊工焊接裂缝，保证了供水工程提前竣工。

6. 大庆油田投产的第一口油井和试注成功的第一口水井各是什么？

1960年5月16日，大庆油田第一口油井中7-11井投产；1960年10月18日，大庆油田第一口注水井7排11井试注成功。

7. 大庆石油会战时期讲的"三股气"是指什么？

对一个国家来讲，就要有民气；对一个队伍来讲，就要有士气；对一个人来讲，就要有志气。三股气结合起来，就会形成强大的力量。

8. 什么是"九热一冷"工作法？

大庆石油会战中创造的一种领导工作方法。是指在1旬中，有9天"热"，1天"冷"。每逢十日，领导干部再忙，也要坐在一起开务虚会，学习上级指示，分析形势，总结经验，从而把感性认识提高到理性认识上来，使领导作风和领导水平得到不断改进和提高。

9. 什么是"三一""四到""五报"交接班法？

对重要的生产部位要一点一点地交接、对主要的生产数据要一个一个地交接、对主要的生产工具要一件一件地交接。交接班时应该看到的要看到、应该听到的要听到、应该摸到的要摸到、应该闻到的要闻到。交接班时报检查部位、报部件名称、报生产状况、报存在的问题、报采取的措施，开好交接班会议，会议记录必须规范完整。

10. 大庆油田原油年产5000万吨以上持续稳产的时间是哪年？

1976年至2002年，大庆油田实现原油年产5000万吨以上连续27年高产稳产，创造了世界同类油田开发史上的奇迹。

11. 大庆油田原油年产4000万吨以上持续稳产的时间是哪年？

2003年至2014年，大庆油田实现原油年产4000万吨以上连续12年持续稳产，继续书写了"我为祖国献石油"新篇章。

12. 中国石油天然气集团有限公司企业精神是什么？

石油精神和大庆精神铁人精神。

13. 中国石油天然气集团有限公司的主营业务是什么？

中国石油天然气集团有限公司是国有重要骨干企业和全球主要的油气生产商和供应商之一，是集国内外油气勘探开发和新能源、炼化销售和新材料、支持和服务、资本和金融等业务于一体的综合性国际能源公司，在全球32个国家和地区开展油气投资业务。

14. 中国石油天然气集团有限公司的企业愿景和价值追求分别是什么？

企业愿景：建设基业长青世界一流综合性国际能源公司；

企业价值追求：绿色发展、奉献能源，为客户成长增动力、为人民幸福赋新能。

15. 中国石油天然气集团有限公司的人才发展理念是什么？

生才有道、聚才有力、理才有方、用才有效。

16. 中国石油天然气集团有限公司的质量安全环保理念是什么？

以人为本、质量至上、安全第一、环保优先。

17. 中国石油天然气集团有限公司的依法合规理念是什么？

法律至上、合规为先、诚实守信、依法维权。

 发展纲要

（一）名词解释

1. **三个构建**：一是构建与时俱进的开放系统；二是构建产业成长的生态系统；三是构建崇尚奋斗的内生系统。

2. **一个加快**：加快推动新时代大庆能源革命。

3. **抓好"三件大事"**：抓好高质量原油稳产这个发展全局之要；抓好弘扬严实作风这个标准价值之基；抓好发展接续力量这个事关长远之计。

4. **谱写"四个新篇"**：奋力谱写"发展新篇"；奋力谱写"改革新篇"；奋力谱写"科技新篇"；奋力谱写"党建新篇"。

5. **统筹"五大业务"**：大力发展油气业务；协同发展服务业务；加快发展新能源业务；积极发展"走出去"业务；特色发展新产业新业态。

6. **"十四五"发展目标**：实现"五个开新局"，即稳油增气开新局；绿色发展开新局；效益提升开新局；幸福生活开新局；企业党建开新局。

7. **高质量发展重要保障**：思想理论保障；人才支持保障；基础环境保障；队伍建设保障；企地协作保障。

（二）问答

1. 习近平总书记致大庆油田发现 60 周年贺信的内容是什么？

值此大庆油田发现 60 周年之际，我代表党中央，向大庆油田广大干部职工、离退休老同志及家属表示热烈的祝贺，并致以诚挚的慰问！

60 年前，党中央作出石油勘探战略东移的重大决策，广大石油、地质工作者历尽艰辛发现大庆油田，翻开了中国石油开发史上具有历史转折意义的一页。60 年来，几代大庆人艰苦创业、接力奋斗，在亘古荒原上建成我国最大的石油生产基地。大庆油田的卓越贡献已经镌刻在伟大祖国的历史丰碑上，大庆精神、铁人精神已经成为中华民族伟大精神的重要组成部分。

站在新的历史起点上，希望大庆油田全体干部职工不忘初心、牢记使命，大力弘扬大庆精神、铁人精神，不断改革创新，推动高质量发展，肩负起当好标杆旗帜、建设百年油田的重大责任，为实现"两个一百年"奋斗目标、实现中华民族伟大复兴的中国梦作出新的更大的贡献！

2. 当好标杆旗帜、建设百年油田的含义是什么？

当好标杆旗帜——树立了前行标尺，是我们一切工作的根本遵循。大庆油田要当好能源安全保障的标杆、国企深化改革的标杆、科技自立自强的标杆、赓续精神血脉的标杆。

建设百年油田——指明了前行方向，是我们未来发展的奋斗目标。百年油田，首先是时间的概念，追求能源主业的升级发展，建设一个基业长青的百年油田；百年油田，也是空间的拓展，追求发展舞台的开辟延伸，建设一个走向世界的百年油田；百年油田，更是精神的赓续，追求红色基因的传承弘扬，建设一个旗帜高扬的百年油田。

3. 大庆油田60多年的开发建设取得的辉煌历史有哪些？

大庆油田60多年的开发建设，为振兴发展奠定了坚实基础。建成了我国最大的石油生产基地；孕育形成了大庆精神铁人精神；创造了世界领先的陆相油田开发技术；打造了过硬的"铁人式"职工队伍；促进了区域经济社会的繁荣发展。

4. 开启建设百年油田新征程两个阶段的总体规划是什么？

第一阶段，从现在起到2035年，实现转型升级、高质量发展；第二阶段，从2035年到本世纪中叶，实现基业长青、百年发展。

5. 大庆油田"十四五"发展总体思路是什么？

坚持以习近平新时代中国特色社会主义思想为指导，深入贯彻落实党的二十大精神，牢记践行习近平总书记重要讲话重要指示批示精神特别是"9·26"贺信精神，完整、准确、全面贯彻新发展理念，服务和融入新发展格局，立足增强能源供应链稳定性和安全性，贯彻落实国家"十四五"现代能源体系规划，认真落实中国石油天然气集团有限公司党组和黑龙江省委省政府部署要求，全面加强党的领导党的建设，坚持稳中求进工作总基调，突出高质量发展主题，遵循"四个坚持"兴企方略和"四化"治企准则，推进实施以抓好"三件大事"为总纲、以谱写"四个新篇"为实践、以统筹"五大业务"为发展支撑的总体战略布局，全面提升企业的创新力、竞争力和可持续发展能力，当好标杆旗帜、建设百年油田，开创油田高质量发展新局面。

6. 大庆油田"十四五"发展基本原则是什么？

坚持"九个牢牢把握"，即牢牢把握"当好标杆旗帜"这个根本遵循；牢牢把握"市场化道路"这个基本方向；牢牢把握"低成本发展"这个核心能力；牢牢把握"绿色低碳转型"这个发展趋势；牢牢把握"科技自立自强"这个战略支撑；牢牢把握"人才强企工程"这个重大举措；牢牢把握"依法合规治企"这个内在要求；牢牢把握"加强作风建设"这个立身之本；牢牢把握"全面从严治党"这个政治引领。

7. 中国共产党第二十次全国代表大会会议主题是什么？

高举中国特色社会主义伟大旗帜，全面贯彻新时代中国特色社会主义思想，弘扬伟大建党精神，自信自强、守正创新，踔厉奋发、勇毅前行，为全面建设社会主义现代化国家、全面推进中华民族伟大复兴而团结奋斗。

8. 在中国共产党第二十次全国代表大会上的报告中，中国共产党的中心任务是什么？

从现在起，中国共产党的中心任务就是团结带领全国各族人民全面建成社会主义现代化强国、实现第二个百年奋斗目标，以中国式现代化全面推进中华民族伟大复兴。

9. 在中国共产党第二十次全国代表大会上的报告中，中国式现代化的含义是什么？

中国式现代化，是中国共产党领导的社会主义现代化，既有各国现代化的共同特征，更有基于自己国情的中国特色。中国式现代化是人口规模巨大的现代化；中国式现代化是全体人民共同富裕的现代化；中国式现代化是物质文明和精神文明相协调的现代化；中国式现代化是人与自然和谐共生的现代化；中国式现代化是走和平发展道路的现代化。

10. 在中国共产党第二十次全国代表大会上的报告中，两步走是什么？

全面建成社会主义现代化强国，总的战略安排是分两步走：从二〇二〇年到二〇三五年基本实现社会主义现代化；从二〇三五年到本世纪中叶把我国建成富强民主文明和谐美丽的社会主义现代化强国。

11. 在中国共产党第二十次全国代表大会上的报告中，"三个务必"是什么？

全党同志务必不忘初心、牢记使命，务必谦虚谨慎、艰苦奋斗，务必敢于斗争、善于斗争，坚定历史自信，增强历史主动，谱写新时代中国特色社会主义更加绚丽的华章。

12. 在中国共产党第二十次全国代表大会上的报告中，牢牢把握的"五个重大原则"是什么？

坚持和加强党的全面领导；坚持中国特色社会主义道路；坚持以人民为中心的发展思想；坚持深化改革开放；坚持发扬斗争精神。

13. 在中国共产党第二十次全国代表大会上的报告中，十年来，对党和人民事业具有重大现实意义和深远意义的三件大事是什么？

一是迎来中国共产党成立一百周年，二是中国特色社会主义进入新时代，三是完成脱贫攻坚、全面建成小康社会的历史任务，实现第一个百年奋斗目标。

14. 在中国共产党第二十次全国代表大会上的报告中，坚持"五个必由之路"的内容是什么？

全党必须牢记，坚持党的全面领导是坚持和发展中国特色社会主义的必由之路,中国特色社会主义是实现中华民族伟大复兴的必由之路,团结奋斗是中国人民创造历史伟业的必由之路,贯彻新发展理念是新时代我国发展壮大的必由之路,全面从严治党是党永葆生机活力、走好新的赶考之路的必由之路。

职业道德

(一)名词解释

1. **道德**:是调节个人与自我、他人、社会和自然界之间关系的行为规范的总和。

2. **职业道德**:是同人们的职业活动紧密联系的、符合职业特点所要求的道德准则、道德情操与道德品质的总和。

3. **爱岗敬业**:爱岗就是热爱自己的工作岗位,热爱自己从事的职业;敬业就是以恭敬、严肃、负责的态度对待工作,一丝不苟,兢兢业业,专心致志。

4. **诚实守信**:诚实就是真心诚意,实事求是,不虚假,不欺诈;守信就是遵守承诺,讲究信用,注重质量和信誉。

5. **劳动纪律**:是用人单位为形成和维持生产经营秩序,保证劳动合同得以履行,要求全体员工在集体劳动、工作、生活过程中,以及与劳动、工作紧密相关的其他过程中必须共同遵守的规则。

6. **团结互助**:指在人与人之间的关系中,为了实现共同的利益和目标，互相帮助，互相支持，团结协作，共同发展。

(二) 问答

1. 社会主义精神文明建设的根本任务是什么？

适应社会主义现代化建设的需要，培育有理想、有道德、有文化、有纪律的社会主义公民，提高整个中华民族的思想道德素质和科学文化素质。

2. 我国社会主义道德建设的基本要求是什么？

爱祖国、爱人民、爱劳动、爱科学、爱社会主义。

3. 为什么要遵守职业道德？

职业道德是社会道德体系的重要组成部分，它一方面具有社会道德的一般作用，另一方面它又具有自身的特殊作用，具体表现在：(1) 调节职业交往中从业人员内部以及从业人员与服务对象间的关系。(2) 有助于维护和提高本行业的信誉。(3) 促进本行业的发展。(4) 有助于提高全社会的道德水平。

4. 爱岗敬业的基本要求是什么？

(1) 要乐业。乐业就是从内心里热爱并热心于自己所从事的职业和岗位，把干好工作当作最快乐的事，做到其乐融融。(2) 要勤业。勤业是指忠于职守，认真负责，刻苦勤奋，不懈努力。(3) 要精业。精业是指对本职工作业务纯熟，精益求精，力求使自己的技能不断提高，使自己的工作成果尽善尽美，不断地有所进步、有所发明、有所创造。

5. 诚实守信的基本要求是什么？

(1) 要诚信无欺。(2) 要讲究质量。(3) 要信守合同。

6. 职业纪律的重要性是什么？

职业纪律影响企业的形象，关系企业的成败。遵守职业纪律是企业选择员工的重要标准，关系到员工个人事业成功与发展。

7. 合作的重要性是什么？

合作是企业生产经营顺利实施的内在要求，是从业人员汲取智慧和力量的重要手段，是打造优秀团队的有效途径。

8. 奉献的重要性是什么？

奉献是企业发展的保障，是从业人员履行职业责任的必由之路，有助于创造良好的工作环境，是从业人员实现职业理想的途径。

9. 奉献的基本要求是什么？

（1）尽职尽责。要明确岗位职责，培养职责情感，全力以赴工作。（2）尊重集体。以企业利益为重，正确对待个人利益，树立职业理想。（3）为人民服务。树立为人民服务的意识，培育为人民服务的荣誉感，提高为人民服务的本领。

10. 企业员工应具备的职业素养是什么？

诚实守信、爱岗敬业、团结互助、文明礼貌、办事公道、勤劳节俭、开拓创新。

11. 培养"四有"职工队伍的主要内容是什么？

有理想、有道德、有文化、有纪律。

12. 如何做到团结互助？

（1）具备强烈的归属感。（2）参与和分享。（3）平等尊重。（4）信任。（5）协同合作。（6）顾全大局。

13. 职业道德行为养成的途径和方法是什么？

（1）在日常生活中培养。从小事做起，严格遵守行为规范；从自我做起，自觉养成良好习惯。（2）在专业学习中训练。增强职业意识，遵守职业规范；重视技能训练，提高职业素养。（3）在社会实践中体验。参加社会实践，培养职业道德；学做结合，知行统一。（4）在自我修养中提高。体验生活，经常进行"内省"；学习榜样，努力做到"慎独"。（5）在职业活动中强化。将职业道德知识内化为信念；将职业道德信念外化为行为。

14. 员工违规行为处理工作应当坚持的原则是什么？

（1）依法依规、违规必究；（2）业务主导、分级负责；（3）实事求是、客观公正；（4）惩教结合、强化预防。

15. 对员工的奖励包括哪几种？

奖励种类包括通报表彰、记功、记大功、授予荣誉称号、成果性奖励等。在给予上述奖励时，可以是一定的物质奖励。物质奖励可以给予一次性现金奖励（奖金）或实物奖励，也可根据需要安排一定时间的带薪休假。

16. 员工违规行为处理的方式包括哪几种？

员工违规行为处理方式分为：警示诫勉、组织处理、处分、经济处罚、禁入限制。

17.《中国石油天然气集团公司反违章禁令》有哪些规定？

为进一步规范员工安全行为，防止和杜绝"三违"现象，保障员工生命安全和企业生产经营的顺利进行，特制定本禁令。

一、严禁特种作业无有效操作证人员上岗操作；

二、严禁违反操作规程操作；

三、严禁无票证从事危险作业；

四、严禁脱岗、睡岗和酒后上岗；

五、严禁违反规定运输民爆物品、放射源和危险化学品；

六、严禁违章指挥、强令他人违章作业。

员工违反上述禁令，给予行政处分；造成事故的，解除劳动合同。

第二部分 基础知识

 专业知识

(一) 名词解释

1. **相序**：三相交流电在某一确定的时间内到达最大值的先后顺序，称为相序。

2. **电动势**：电源中非静电力对电荷做功的能力称为电动势，在数值上等于非静电力把单位正电荷从低电位推到高电位所做的功。

3. **电流**：电荷有规则的定向运动，称为电流，用符号"I"来表示。

4. **电压**：电路中两点间的电位差，称为电压，用符号"U"来表示。

5. **电阻**：导体对电流的阻碍作用，称为电阻，用符号"R"来表示。

6. **磁场**：在磁铁周围的空间存在一种特殊的物质，它表现为一种力的作用，这种特殊物质称为磁场。

7. **自感**：由于线圈本身的电流变化，而在线圈内部产生的电磁感应现象称为自感。

8. **互感**：一个线圈中有电流流过，在两线圈之间引起磁力线交链的电磁感应现象称为互感。

9. **正弦交流电**：电流、电压及电动势的大小和方向都随着时间按正弦函数规律变化的交流电，称为正弦交流电。

10. **三相交流电**：由三个频率相同、电动势振幅相等、相位互差120°电角度的交流电路组成的电力系统，称为三相交流电。

11. **相电压**：三相电路中，相线与中性线之间的电压称为相电压。

12. **线电压**：三相电路中，相线与相线之间的电压称为线电压。

13. **相电流**：三相电路中，流过每根相线的电流称为相电流。

14. **线电流**：三相电路中，流过每根端线的电流称为线电流。

15. **电功率**：单位时间内电流所做的功称为电功率。

16. **有功功率**：在交流电路中，电源在一个周期内发出瞬时功率的平均值（或负载电阻所消耗的功率），称为有功功率，用符号"P"来表示。

17. **无功功率**：与电源交换能量的功率值称为无功功率，数值上等于视在功率与有功功率平方差的算术平方根，用符号"Q"来表示。

18. **视在功率**：在具有电阻和电抗的电路中，电压与电流的乘积称为视在功率，用符号"S"来表示。

19. **无功补偿**：是无功补偿电源装置的简称，指为满足电力网和负荷端电压水平及经济运行的要求，必须在电力网内和负荷端设置的无功电源装置，如电容器、调相机。

20. 功率因数：在交流电路中，电压与电流之间的相位差（Φ）的余弦称为功率因数，用符号 $\cos\Phi$ 表示，在数值上，功率因数是有功功率和视在功率的比值，即 $\cos\Phi=P/S$。

21. 额定电压：是指电气设备长时间、连续运行时所能承受的工作电压。

22. 额定电流：是指电气设备允许长期通过的工作电流。

23. 额定容量：是指电气设备在厂家铭牌规定的条件下，以额定电压、电流连续运行时所输送的容量。

24. 空载损耗：当变压器二次绕组开路，一次绕组施加额定频率正弦波形的额定电压时，所消耗的有功功率称为空载损耗。

25. 变压器的空载电流：变压器的二次绕组开路，在一次绕组施加额定频率正弦波形的额定电压时，通过一次绕组的电流，称为变压器的空载电流。

26. 阻抗电压：变压器一侧绕组短路，另一侧绕组达到额定电流时所施加的电压与额定电压比值的百分数称为阻抗电压，也称为短路电压。

27. 连接组别：表示变压器一次、二次绕组的连接方式及线电压之间的相位差，以时钟表示法表示。

28. 开断电流：是断路器的一个技术数据，是指开关在某一电压（线电压）下所能开断而不影响继续正常工作的最大电流。

29. PLC：可编程逻辑控制器，英文缩写为 PLC 是一种专门为在工业环境下应用而设计的数字运算操作电子系统。它采用一种可编程的存储器，在其内部存储执行逻辑运算、顺序控制、定时、计数和算术运算等操作的指令，通过数字式或模拟式的输入输出来控制各种类型的机械设备或生产过程。

30. **变频器**：是应用变频技术与微电子技术，把电压和频率固定不变的交流电，变换为电压和频率可变的交流电的装置。

31. **变压器**：是一种静止的电气设备，是用来将某一数值的交流电压变成频率相同的另一种或几种数值不同的电压的设备。

32. **变压器的经济负载**：使变压器运行在单位容量的有功损耗换算值为最小的负载称为经济负载。

33. **中性点**：在三相绕组的星形连接中，三个绕组末端连接在一起的公共点"O"，称为中性点。

34. **中性点位移**：在三相电路中电源电压三相对称的情况下，不管有无中性线，中性点的电压都等于零。如果三相负载不对称，且没有中性线或中性线阻抗较大，则三相负载中性点就会出现电压，这种现象称为中性点位移现象。

35. **谐波**：对周期性非正弦量进行傅里叶级数分解，除了得到与电网基波频率相同的分量，还得到一系列大于电网基波频率的分量，这部分分量称为谐波。

36. **接地**：在电力系统中，将电气设备和用电装置的中性点、金属外壳或支架与接地装置用导体良好地连接起来，称为接地。

37. **工作接地**：在正常情况下，为了保证电气设备可靠地运行，必须将电力系统中某一点接地时，称为工作接地。如某些变压器低压侧的中性点接地即为工作接地。

38. **运用中的电气设备**：是指全部带有电压或一部分带有电压及一经操作即带有电压的电气设备。

39. 接地电阻：是指电气设备接地部分的对地电压与接地电流的比值。

40. 接地短路：运行中的电气设备和电力系统中的线路，如果由于绝缘介质损坏而使带电体碰触接地的金属构件或直接与大地连接时，称为接地短路。

41. 接地电流：当发生接地短路时，经接地短路点流入大地的电流称为接地短路电流或接地电流。

42. 对地电压：为带电体与大地零电位之间的电位差。

43. 跨步电压：当电气设备发生接地故障，接地电流通过接地体向大地流散，在地面上形成电位分布时，若有人在接地点周围行走，其两脚之间的电位差，就是跨步电压。

44. 负荷率：是指在一定时间内，用电的平均有功负荷和最高有功负荷之比的百分数。

45. 三相三线制：接成星形或三角形的三相电源，向输电线路引出三根相线的接线方式，称为三相三线制。

46. 三相四线制：接成星形的三相电源，向输电线路引出三根相线及一根中线的接线方式，称为三相四线制。

47. 三相五线制：接成星形的三相电源，向输电线路引出三根相线及两根中线，其中一根中线作为保护中线（通常称为保护线，用 PE 表示）的接线方式，称为三相五线制。

48. 对称三相负载：三相负载的每相复阻抗相等，即 $Z_A=Z_B=Z_C$（Z_A、Z_B、Z_C 分别表示 A 相、B 相、C 相的复阻抗），这样的三相负载称为对称三相负载。

49. 电力系统的负荷：连接在电力系统上的一切用电设备所消耗的电能称为电力系统的负荷。

50. 直击雷过电压：雷电直接击中电气设备的导电部分而引起的过电压叫直击雷过电压。

51. 感应雷过电压：雷电击中地面其他物体时，其附近电气设备虽然未遭雷击，但在放电过程中空间磁场急剧变化，也会感应出很高的过电压，这种过电压称为感应雷过电压。

52. 电气接线图：按照国家有关电气技术标准，使用电气系统图形符号和文字符号，表示电气装置中的各元件及相互联系的工程图，称为电气接线图。

53. 频率：在正弦交流电路中，正弦量在单位时间内变化的次数，用 f 表示，单位为 Hz。

54. 振幅：正弦交流电瞬时值中最大的数值叫最大值或振幅值，振幅值决定正弦量的大小。

55. 周期：在正弦交流电路中，正弦量变化一次所需要的时间（秒），用 T 表示。

56. 可编程控制器存储器：是 PLC 系统中的记忆设备，主要存放系统程序、用户程序及工作数据。

57. I/O 接口电路：通常也称 I/O 单元或 I/O 模块，是 PLC 与工业现场之间连接的器件。

58. 系统程序：由 PLC 的制作厂商编写，与 PLC 硬件组成无关，完成系统诊断、命令解释、功能子程序调用管理、逻辑运算、通信及各种参数设定等功能，提供 PLC 运行的平台。

59. 输入 / 输出点数：是指 PLC 外部输入和输出端子数量的总和，是描述 PLC 控制规模大小的一个重要技术指标。

60. LD 指令：含义为"取"指令，LD 指令用于动合触点与左母线相连。动合触点在动作后闭合，不动作时始终处在断开状态。

61. **LDI 指令**：含义为"取反"指令，LDI 指令用于动断触点与左母线相连。动断触点在动作后断开，不动作时始终处在闭合状态。

62. **OUT 指令**：含义为"输出"指令，OUT 指令用于输出点（Y）、辅助继电器（M）、步进点（S）、定时器（T）、计数器（C）等输出线圈。

63. **SET 指令**：含义为"置位"指令，功能是将受控组件设定为 ON（闭合），并保持其的闭合状态。相当于继电器动作并保持。

64. **RST 指令**：含义为"复位"指令，将受控组件设定为 OFF（分断），即解除受控组件的保持状态，解除继电器动作，相当于继电器复位到通电前的状态。

65. **PAM**：PAM 是英文 Pulse Amplitude Modulation（脉冲幅度调制）的缩写，是按一定规律改变脉冲列的脉冲幅度，以调节输出量值和波形的一种调制方式。

66. **PWM**：PWM 是英文 Pulse Width Modulation（脉冲宽度调制）的缩写，按一定规律改变脉冲列的脉冲宽度，以调节输出量和波形的一种调值方式。

67. **电压型变频器**：是指将电压源的直流变换为交流的变频器，直流回路的滤波是电容。

68. **电流型变频器**：是指将电流源的直流变换为交流的变频器，其直流回路滤波是电感。

69. **工频电源**：由电网提供的动力电源（商用电源）。

70. **启动电流**：电动机在额定电压、额定频率下启动时的电流。一般数倍于额定电流。

71. **闭环**：闭环（闭环结构）也叫反馈控制系统，是将系统输出量的测量值与所期望的给定值相比较，由此产生一个偏差信号，利用此偏差信号进行调节控制，使输出值尽量接近于期望值。

72. 失速：如果给定的加速时间过短，变频器的输出频率变化远远超过转速（电角频率）的变化，变频器将因流过过电流而跳闸，运转停止，称为失速。

73. 再生制动：电动机在运转中如果降低指令频率，则电动机变为异步发电机状态运行，作为制动器而工作，称为再生（电气）制动。

74. 变频分辨率：对于数字控制的变频器，即使频率指令为模拟信号，输出频率也是由级差给定，这个级差的最小单位就称为变频分辨率。

75. 矢量控制：矢量控制就是将磁链与转矩解耦，有利于分别设计两者的调节器，以实现对交流电动机的高性能调速。

76. 直流调速：由直流控制器调节直流电动机以达到调整速度的目的。

77. 交流变频调速：由变频器输出频率变化的三相交流电流从而控制交流电动机的转速。

78. 矢量变频调速：通过复杂的计算变换，使交流变频器按照直流电动机的控制方式去控制交流电动机，从而达到精确速度控制、转矩控制、提高输出扭矩等特性。

79. 伺服控制系统：在运动系统中引入速度反馈或位置反馈元件，通过负反馈的作用达到极其精密的速度控制、定位控制以及高动态响应。

80. HMI：人－机界面。

81. 现场总线：应用于工业控制现场的串行通信总线系统，大幅度降低接线成本，提高控制的抗干扰能力。

82. **分布式控制**：区别于传统的集中式控制，强调各个节点设备的智能化，一般由现场总线系统将各子设备连接起来，极大地提高系统应用的灵活性、可靠性，降低上位机的运算负担。

83. **自动调校**：常见于磁束向量型变频器的一种技术，能自动监测（找出）电动机的参数，如转差频率、场电流、转矩电流、定子阻抗、转子阻抗、定子感抗、转子感抗等。

84. **采样**：以周期性的时间间隔或任意时间间隔取得某一被测连续变量的一系列离散值的叫采样。

85. **采样周期**：是指进行一次采样规定的时间，其个数就是采样频率。

86. **仪表硬件**：是看得见、摸得着组成仪表的各个部位，如CPU、存储器等。

87. **仪表软件**：是为了运行、管理和维修仪表所编制的各种程序的总和，如系统程序、应用程序等。

88. **屏蔽**：是用金属物（屏蔽体）把外界干扰与测量装置隔开，使信号不受外界磁场的影响。

89. **调节器参数整定**：调节器接入实际系统后，确定它的比例度、积分时间和微分时间的工作，就是调节器参数整定。

90. **仪表防爆**：是指仪表在含有爆炸危险物质的生产现场使用时，防止由于仪表的原因（如火花、温升）而引起的爆炸。

91. **智能仪表**：智能仪表就是把单片机或单板机直接装入仪表内部，从而可以利用灵活多样的软件设计，简单可靠的硬件结构和不同组件的组合方式，实现完善的参数补偿和显示输出或数据打印。

(二) 问答

1. 使用钳形电流表测电流应注意哪些问题？

（1）被测导线的电压不能超过钳形电流表的电压等级。（2）人体各部与裸露带电部分要保持足够的安全距离。（3）测量低压母线电流时，如果各相之间安全距离不够，测量前应将各相母线测量处用绝缘材料加以包缠隔离保护。（4）被测电流无法估计时，应将转换开关置于最高量程挡进行粗测。（5）钳形电流表测量过程中，绝对不能换挡。应张开钳口从导线退出，然后才可调节量程挡。（6）导线应置于钳口中央，动静铁芯钳口应接触好。（7）绝对不能用低压钳形电流表测量高压设备电流。（8）在潮湿的地方或雷雨天气不宜进行测量。（9）钳形电流表每次测完后，要把量程转换开关拨至最大挡位上。

2. 如何使用万用表？

（1）使用万用表之前，应熟悉各转换开关、旋钮或按键、专用插孔、测量插孔以及相应附件的作用，了解每条刻度线对应的被测电量。第一次拿起表笔准备测量时，务必核对测量种类及量程测量开关是否拨对位置，否则可能损坏万用表。（2）万用表在使用时一般应水平放置，在干燥、无振动、无强磁场及环境温度适宜且无腐蚀性气体的条件下使用。不论测量什么电量首先都要进行机械调零，测量电阻时每进行一次量程调整，都要重新进行欧姆调零。（3）测量电压时将表笔并联在所要测量的电路中，测量电流时将表笔串联在所要测量的电路中。测量交直流电压时，两支表笔的金属部分应分别搭接在连接被测设备两根导线的线芯上，并应谨慎操作。在测量较高电压或较大电流时，不能旋动转换开关,以免使开关接点间产生电弧,使万用表损坏。(4) 万用表使用完毕后,应将表笔取下,挡位转换开关置于交流电压最高挡或关闭挡位,以防下次测量时不注意看转换开关位置而烧坏万用表,并可避免转换开关在欧姆挡时表笔短接,浪费电池。(5) 万用表长期不用时应将电池取出,以免日久电池变质,渗出液体使万用表损坏。

3. 如何使用数字万用表测量 20μF 以下电容的容量?

(1) 在测量电容前应先将被测电容放电。(2) 闭合数字万用表电源,使数字万用表通电。(3) 估计被测电容的容值,选择合适挡位及量程。(4) 调整零位,调整"ZEROADJ"旋钮,使显示器显示为"000"。(5) 将电容器两端子插入数字万用表的"CX"插孔。(6) 待显示器稳定后读取数值。(7) 测量完后将挡位开关调至交流电压最大挡。(8) 断开数字万用表的电源开关。(9) 将被测电容两极短路放电。

4. 使用数字万用表应注意哪些问题?

(1) 如果无法预先估计被测电压或电流的大小,应先拨至最高量程挡测量一次,再视情况逐渐把量程减小到合适位置。测量完毕,应将量程开关拨到交流最高电压挡,并关闭电源。(2) 满量程时,仪表仅在最高位显示数字"1",其他位均消失,这时应选择更高的量程。(3) 测量电压时,应将数字万用表与被测电路并联。测电流时应与被测电路串联,测直流量时不必考虑正、负极性。(4) 交、直流电压的测量,挡位置于 ACV 或 DCV 的合适量程,勿使仪表过载。严禁将表笔插错,两只表笔应并联在被测电路上使用。(5) 当误用交流电压挡去测量直流电压,或者误用直流电压挡去测量交流电压时,显示屏将显示"000",或低位上的数字出现跳动。(6) 测量交、直流电流前,挡位置于DCA或ACA的合适位置;切勿选错量程,如不知被测电流大小,可先放在最大量程,然后再逐渐转换到合适的量程上。红表笔插入A孔(电流≤200mA)或10A孔(电流＞200mA)内,黑表笔应插入COM孔内。两只表笔应串联在被测电路上,不可并联在电路上。测完后,应断开电源,并将红表从电流插孔中拔出,插入电压孔内。(7) 测量电阻前,挡位置于(OHM)Ω范围内的合适量程。红表笔(正极)插入V/Ω孔内,黑表笔(负极)应插入COM孔中,测量电阻超出时,则显示"1",测量小电阻时,要记录引线电阻的影响。(8) 测量电容器容值前,如被测量电容器容值较大,需先将被测电容两极短路放电,测量时两手禁止触碰电容的电极引线或表笔的金属端,否则将跳数或过载。挡位置于CAP处,被测电容两极分别插入两电容插孔中,待数值稳定后读数。(9) 测量有极性的电子元件时要注意表笔极性,数字的交流电压挡只能直接测量低频正弦电压。(10) 在测量高电压(250V以上)或大电流(0.5A以上)时禁止换量程,以防止产生电弧,烧毁开关触点。(11) 当显示"一""BATT"或"LOWBAT"时,表示电池电压过低,需更换表内电池。

5. 使用兆欧表应注意哪些问题?

(1) 测量前必须将被测设备电源切断,并对地短路放电,决不允许设备带电进行测量,以保证人身和设备的安全。(2) 对可能感应出高压电的设备,必须消除这种可能性后,才能进行测量。(3) 被测物表面要清洁,减少接触电阻,确保测量结果的准确性。(4) 测量前要检查兆欧表是否处于正常工作状态,主要检查其"0"和"∞"两点,即摇动手柄,使电动机达到额定转速,兆欧表"L""E"在短路时指针应指在"0"位置，开路时指针应指在"∞"位置。(5) 兆欧表引线应用多股软铜线，而且应有良好的绝缘。(6) 在被测设备的感应电压超过12V（如不能全部停电的双回路架空线路和母线或当雷雨发生时的架空线路及与架空线路相连接的电气设备）时，禁止进行测量。(7) 兆欧表使用时应放在平稳、牢固的地方，且远离外部的大电流导体，防止电磁干扰。

6. 使用单臂直流电桥应注意哪些问题？

单臂直流电桥是用来测量 $1\sim10^6\Omega$ 中等电阻的仪表。使用中应注意：(1) 禁止指针不在零位就测量。(2) 接入被测电阻时，禁止用细导线连接，接头必须拧紧。(3) 估测电阻，选择适当的比例臂，否则不能提高测量精度。(4) 测量电感线圈直流电阻时，先按电源钮"B"，再按检流计"G"，测量后，禁忌先断开电源"B"，在断开检流计"G"，否则会因自感电压而损坏检流计。(5) 使用过程中，禁止将检流计的锁扣再锁上。(6) 外接电源电压禁止过高或过低，禁止将电源端钮与测试端钮接错，禁止电源接通时间过长，以防电桥发热。(7) 禁止带电测量电阻，否则烧坏电桥。(8) 长时间不用时，需将内装电池取出。

7. 使用双臂直流电桥应注意哪些问题？

(1) 在测量电感电路的直流电阻时，应先按下"B"开关，再按下"G"开关，断开时应先断开"G"，后断开"B"。(2) 测量 0.1Ω 以下阻值时，"B"开关应间歇使用，防止电桥连续通电发热损坏。(3) 在测量 0.1Ω 以下阻值时，C1、P1、C2、P2线拴到被测电阻之间的连接导线电阻为 $0.005\sim0.01\Omega$，测量其他阻值时，连接导线电阻可大于 0.5Ω。(4) 电桥使用完毕后，"B"与"G"开关应放开，避免浪费电子检流计放大器的电源。(5) 如电桥长期不用，应将电池取出。(6) 电桥应储放在环境温度 5～45℃、相对湿度小于 80% 的条件下，室内空气中不应含有能腐蚀仪器的气体和有害杂质。(7) 仪器长期搁置不用，在接线处可能出现氧化造成接触不良。保证接线处接触良好，再涂一层无酸性凡士林，予以保护。(8) 仪器应保持清洁，并避免直接暴晒和剧烈震动。

8. 接地电阻测量仪摇测注意事项有哪些？

(1) 该仪表一般不做开路试验。(2) 被测极及辅助接地连接的导线不应与高压架空线、地下金属管道平行，以防干扰和影响测量的准确性。(3) 雷雨季节阴雨天气，不得测量避雷装置接地电阻值，一般应在干旱季节摇测。所测接地电阻要小于规定值才算符合要求。(4) 不准带电测量接地装置的接地电阻。

9. 兆欧表使用前应做哪些检查？

(1) 将兆欧表的端钮开路，摇动手柄达到额定转速，观察指针是否指"∞"。(2) 然后将端钮短接，轻带手柄，观察指针是否指"0"。(3) 如指针指示不对，则需调试维修。

10. 常用导线按结构特点分类有哪几种？导线由哪几部分构成？

常用导线按结构特点可分为绝缘导线、裸导线和电缆。由于使用条件和技术特性不同，导线结构差别较大，有些导线只有导电线芯；有些导线由导电线芯和绝缘层组成；还有的导线在绝缘层外面还有保护层、加强芯、屏蔽罩、外护层等。

11. 绞线按结构分为哪几种？其特点及用途如何？

绞线按结构分简单绞线、组合绞线、复绞线、特种导线。各类绞线的特点及用途是：(1) 简单绞线，由材质相同线径相等的圆单线同心绞制而成，主要用于强度要求不高的架空导线。(2) 组合绞线，由导电线材和增强线材组合同心绞制而成，主要用于强度要求较高的架空导线。(3) 复绞线，由材质相同线径相等的束股线同心绞制而成，可用作仪表或电气设备的软接线。(4) 特种导线，由导电线材各不相同的增强线材，用特种组合方式绞制而成，用于有特种使用的架空电力线路。

12. 电力电缆主要由哪几部分组成？各部分作用如何？

电力电缆一般由导电线芯、绝缘层和保护层三个主要部分组成。导电线芯主要是用作导电，绝缘层是用于各导电线芯之间的绝缘，保护层主要是防止来自外力的伤害和一些自然界的侵蚀。

13. 电缆头分为哪几种？

电缆头按所在电缆的位置可分为两种：一种为连接两条电缆的中间接头，另一种为电缆的终端头。电缆头按安装场所分为户外电缆头和户内电缆头；按制作方法分为干包电缆头、冷缩电缆头、热缩电缆头。

14. 低压四芯电缆中性线有什么作用？

低压四芯电缆的中性线除了作为保护接地外，还担负着通过三相不平衡电流的作用。有时不平衡电流的幅值比较大，故中性线截面积为相线截面的30%～60%，不允许采用三芯电缆外加一根导线做中性线的敷设方法。因为这样会使三相不平衡电流通过三相电缆而使其钢铠因电磁感应而发热，降低电缆的载流能力。

15. 电力电缆具有哪些优点？

(1) 电力电缆一般埋于土壤中或敷设于室内、沟道、竖井中，因此不用杆塔，不占用地面空间。（2）受气候条件和周围环境影响小，传输性能稳定。（3）有很长的使用寿命（一般长达30～40年或更长），安装敷设位置隐蔽，又较少进行维护，安全性高。

16. 哪些地方不适合敷设电缆？

敷设电缆时应避开时常有水的地方；地下埋设物复杂区；发散腐蚀性溶液的地方；规划的建筑物区或时常挖掘的地方；制造或储藏容易爆炸或易燃烧的危险场所。

17. 硬母线为什么要装伸缩补偿装置？

电流通过母线时，会发热而温度升高，硬母线会因热胀冷缩而对母线支持瓷瓶产生较大的应力，加装母线伸缩补偿装置就可以有效地减弱这种应力作用。

18. 常用电缆线芯截面规格有哪些？

常用电缆线芯截面规格有 $1mm^2$、$1.5mm^2$、$2.5mm^2$、$4mm^2$、$6mm^2$、$10mm^2$、$16mm^2$、$25mm^2$、$35mm^2$、$50mm^2$、$70mm^2$、$95mm^2$、$120mm^2$、$150mm^2$、$185mm^2$。

19. 常用导线的安全载流量为多少安培？

常用导线的安全载流量见表1～表5。

表1　橡皮或塑料绝缘电力电缆埋地时载流量表（500V）

标称截面 (mm^2)	铜芯电缆的安全载流量（A）			铝芯电缆的安全载流量（A）		
	单芯	二芯	三芯	单芯	二芯	三芯
2.5（1.5）	48	39	34	38	30	26
4（2.5）	64	49	44	50	37	34
6（4）	80	62	53	64	49	41
10（6）	111	94	80	87	71	62

续表

标称截面 (mm²)	铜芯电缆的安全载流量（A）			铝芯电缆的安全载流量（A）		
	单芯	二芯	三芯	单芯	二芯	三芯
16（6）	148	120	102	115	94	80
25（10）	191	156	134	150	120	102
35（10）	232	187	160	182	143	125
50（16）	289	236	200	227	183	156
70（25）	348	285	245	273	218	187
90（35）	413	344	294	323	262	227
120（35）	471	396	344	369	302	263

注：标称截面一栏，括号内数字为四芯电力电缆中性线截面积。表中所列均为交流值。

表2 LJ 裸铝绞线载流量表

规格（mm）根数×线径	标称截面（mm²）	直流电阻（20℃）（Ω/km）	质量（kg/km）	安全载流量（A）
7×1.70	16	1.847	44	105
7×2.12	25	1.188	68	135
7×2.50	35	0.854	95	170
7×3.00	50	0.593	136	212
7×3.55	70	0.424	191	265

表3 橡皮或塑料绝缘线安全载流量（单根）

规格（mm）	标称截面（mm²）	安全载流量（A）			
		BX	BLX	BV	BLV
1×1.13	1	20		18	

续表

规格（mm）	标称截面（mm²）	安全载流量（A）			
		BX	BLX	BV	BLV
1×1.37	1.5	25		22	
1×1.76	2.5	33	25	30	23
1×2.24	4	42	33	40	30
1×2.73	6	55	42	50	40
7×1.33	10	80	55	75	55
7×1.76	16	105	80	100	75
7×2.12	25	140	105	130	100
7×2.50	35	170	140	160	125
19×1.83	50	225	170	205	150
19×2.14	75	280	225	255	185
19×2.50	95	340	280	320	240

表4 TMY、LMY母排载流量表

规格（mm）	标称截面（mm²）	质量（kg/m）		安全载流量（A）	
		TMY	LMY	TMY	LMY
25×3	75	0.688	0.208	340（300）	265（230）
30×3	90	0.8	0.234	405（360）	305（265）
30×4	120	1.006	0.324	475（415）	370（325）
40×4	160	1.424	0.432	625（550）	480（425）

续表

规格（mm）	标称截面（mm²）	质量（kg/m）		安全载流量（A）	
		TMY	LMY	TMY	LMY
40×5	200	1.78	0.54	700（620）	545（480）
50×5	250	2.225	0.675	860（760）	670（590）
50×6	300	2.67	0.81	955（840）	745（655）
60×6	360	3.204	0.972	1125（990）	880（775）
60×8	480	4.272	1.295	1320（1160）	1040（910）
60×10	600	5.34	1.62	1525（1350）	1180（1030）
80×8	640	5.696	1.728	1755（1540）	1355（1190）
80×10	800	7.12	2.16	1900（1750）	1540（1350）

注：TMY（LMY）分别为铜（铝）母汇流排，表中所示为当周围空气温度为25℃、母排极限温升为70℃时的直流负荷极限载流量，括号内数字为温度为35℃时的直流负荷安全载流量值。

表5 塑料绝缘铜导线安全载流量

截面（mm²）	明线敷设		穿管敷设（二线）		穿管敷设（三、四线）	
	PVC	XLPE	PVC	XLPE	PVC	XLPE
1.5	25	—	17	22	15	19
2.5	33	—	23	30	20	27

续表

截面 (mm²)	明线敷设		穿管敷设（二线）		穿管敷设（三、四线）	
	PVC	XLPE	PVC	XLPE	PVC	XLPE
4	43	—	30	40	26	36
6	56	—	39	52	34	46
10	77	—	54	72	47	63
16	105	—	71	96	64	84
25	137	175	95	128	84	112
35	170	217	118	157	103	138
50	206	264	142	190	126	168
70	264	339	180	243	161	213
95	321	413	218	294	195	258
120	372	480	253	340	225	300
150	429	554	288	—	259	—
185	490	635	331	—	294	—
240	578	749	—	—	—	—
300	666	866	—	—	—	—
400	801	1041	—	—	—	—
500	923	1203	—	—	—	—

注：本表中的安全载流量是根据线芯允许长期工作温度为 PVC：70℃；XLPE：90℃；环境温度为 35℃ 规定的；表中 PVC 为聚氯乙烯；XLPE 为交联聚乙烯。

20. 导线截面的选择有哪几种方法？

（1）根据允许电压损失选择导线截面。（2）根据允许电流来选择导线截面。(3) 按经济电流密度选择导线截面。(4) 按机械强度选择导线截面。(5) 按导线长期发热选择导线截面。

21. GW1 型高压隔离开关由哪几部分组成？

主要由导电部分、绝缘部分、传动部分、底座部分组成。

22. 如何防止运行中的电力变压器损坏？

(1) 不能过载运行。(2) 经常检验绝缘油质。(3) 防止变压器铁芯绝缘老化损坏。(4) 防止因检修不慎破坏绝缘。(5) 保证导线接触良好。(6) 防止雷击。(7) 要安装可靠的短路保护。(8) 保持接地良好。(9) 通风和冷却。

23. 变压器是如何分类的？

变压器按用途可分为电力变压器、特种变压器和电子变压器。(1) 电力变压器：是电力系统中供电的主要设备，一般分为油浸式和干式两种。(2) 特种变压器：是指电力变压器以外，其他各种变压器（容量较大者）的统称。(3) 电子变压器：主要用于电子和自控系统中。

24. 变压器为什么常采用并列运行的方式？

变压器并列运行，就是将两台或以上变压器的一次绕组并联在同一电压的母线上，二次绕组并联在另一电压的母线上运行。变压器是电力网中的重要电气设备，由于连续运行的时间长，并列运行可以提高供电的可靠性和灵活性，使变压器运行更为安全、经济，同时可以满足电网容量增大的需要。

25. 变压器并列运行的条件有哪些？

(1) 电压比相同，差值不超过 ±0.5%。(2) 阻抗电压（短路电压）差值不超过 ±10%。(3) 连接组别相同。(4) 两台变压器的容量比不超过 3：1（应具体计算后确定）。

26. 变压器温度表显示的是变压器哪个部位的温度？

变压器温度表显示的是变压器上层油温。

27. 变压器运行中温度有哪些规定？温度与温升有什么区别？

（1）变压器运行中上层油温最高不得超过 95℃，而在正常情况下，为使绝缘油不至于过速氧化，上层油温不应超过 85℃，对于采用强迫油循环水冷和风冷的变压器，上层油温不宜经常超过 75℃。（2）温度与温升的区别是：①温升是指变压器上层油温减去环境温度。运行时的变压器在环境温度为 40℃时，其温升不得超过 55℃，运行中要以上层油温为准，温升是参考数据。②上层油温如果超过 95℃，其内部绕组温度就要超过绕组绝缘物的耐热强度。③为使绝缘不致迅速老化，所以规定了 85℃为上层油温监视界限。

28. 配电变压器分接开关的工作原理是什么？

电力变压器的分接开关是用来调节变压器输出电压的。变压器的高压绕组尾端设置了多个抽头，并将抽头接到分接开关上，通过分接开关与其他高压绕组尾端相连形成中性点。这样，可以通过分接开关与变压器绕组不同的抽头连接来改变变压器高低压绕组的匝数比，从而达到调节变压器输出电压的目的。

29. 配电变压器的气体继电器工作原理是什么？

当变压器内部出现匝间短路、绝缘损坏、接触不良、铁芯多点接地等故障时，都将产生大量的热能，使油分解出可燃性气体，向油枕方向流动。当流速超过气体继电器的整定值时，气体继电器的挡板就会受到冲击，使断路器跳闸，从而避免事故扩大，此为重瓦斯保护动作。当气体沿油面上升,聚集在气体继电器内部超过 30mL 时,也可以使气体继电器的信号接点接通,发出警报,此为轻瓦斯保护动作。

30. 电焊变压器的特点是什么?

电焊变压器是一种漏阻抗比较大的特殊降压变压器。电焊变压器的特点是输出电压具有陡降的特性:即空载时有足够的起弧电压(约 60~70V),当输出线圈出口短路(即焊接)时,输出电压迅速降低,二次电流也不至于过大而烧毁变压器。

31. 为什么拉开跌落式熔断器要按中间相—下风相—上风相的顺序?

这是因为配电变压器由三相运行改为两相运行时,拉断中间相时所产生的电弧火花最小,不致造成相间短路;其次是拉断下风相,因为中间相已被拉开,下风相与上风相的距离增加了一倍,即使有过电压产生,造成相间短路的可能性也很小;最后拉断上风相时,仅有对地的电容电流,产生的电火花则已很轻微。

32. 如何选择熔断器?

(1)熔断器耐压值必须等于或高于系统额定线电压。(2)熔体电流可按不同负载进行合理选择:①保护电动机类负载时,单台直接启动电动机:熔体额定电流=(1.5~2.5)×电动机额定电流。注:对不频繁启动的电动机取较小的系数,频繁启动的电动机取较大的系数;多台小容量电动机共用线路:熔体额定电流=(1.5~2.5)×最大容量的电动机额定电流+所有电动机额定电流之和;降压启动电动机:熔体额定电流=(1.5~2)×电动机额定电流;绕线式电动机:熔体额定电流=(1.2~1.5)×电动机额定电流。②保护照明电路时,白炽灯:熔体额定电流=1.1×

被保护电路上所有白炽灯工作电流之和；日光灯和高压水银荧光灯：熔体额定电流 =1.5× 被保护电路上所有日光灯和高压水银荧光灯工作电流之和。

33. 高压电器在电力系统中按其作用可以分为哪几种？

开关电器、保护电器、测量电器、限流电器、成套电器与组合电器、其他电器。

34. 低压电器的工作电压范围是多少？

低压电器的工作电压范围是：交流电压≤1200V，直流电压≤1500V。

35. 低压刀开关、负荷开关、断路器各自有什么特点？

（1）低压刀开关特点：自然灭弧且灭弧能力很小，故一般用作隔离开关。（2）低压负荷开关特点：能带负荷，具有一定的灭弧能力，可作为正常负荷通断操作，但不能切断短路电流。（3）低压断路器特点：能带负荷且具有良好的灭弧能力及多种保护能力，能有效地自动切断由短路、过载、漏电流和欠压而引发的故障。

36. 交流接触器的结构包括哪几部分？各部分作用是什么？

交流接触器包括：电磁机构、触点系统、灭弧装置、其他部件。各部分的作用：（1）电磁机构：电磁机构由线圈、动铁芯（衔铁）和静铁芯组成，其作用是将电磁能转换成机械能，产生电磁吸力带动触点动作。（2）触点系统：包括主触点和辅助触点。主触点用于通断主电路，通常为三对常开触点。辅助触点用于控制电路，起电气联锁作用，故又称联锁触点，一般常开、常闭各两对。（3）灭弧装置：容量在10A以上的接触器都有灭弧装置，对于小容量的接触器，常采用双断口触点灭弧、电动力灭弧、相间弧板隔弧及陶土灭弧罩灭弧。对于大容量的接触器，采用纵缝灭弧罩及栅片灭弧。（4）其他部件：包括反作用力弹簧、缓冲弹簧、触点压力弹簧、传动机构及外壳等。

37. 电磁式接触器的工作原理是什么？

线圈通电后，在铁芯中产生磁通及电磁吸力。此电磁吸力克服弹簧反力使得衔铁吸合，带动触点机构动作，常闭触点打开，常开触点闭合，互锁或接通线路；线圈失电或线圈两端电压显著降低时，电磁吸力小于弹簧反作用力，使得衔铁释放，触点机构复位，断开线路或解除互锁。

38. 交流接触器的基本参数有哪些？

交流接触器的基本参数有额定电压、额定电流、通断能力、动作值、吸引线圈额定电压、操作频率、寿命。

39. 交流接触器的动作值是怎样规定的？

可分为吸合电压和释放电压：吸合电压是指接触器吸合前，缓慢增加吸合线圈两端的电压，接触器可以吸合时的最小电压；释放电压是指接触器吸合后，缓慢降低吸合线圈的电压，接触器释放时的最大电压。一般规定，吸合电压不低于线圈额定电压的85%，释放电压不高于线圈额定电压的70%。

40. 交流接触器的通断能力是怎样规定的？

可分为最大接通电流和最大分断电流。最大接通电流是指触点闭合时不会造成触点熔焊时的最大电流值；最大分断电流是指触点断开时能可靠灭弧的最大电流。一般通断能力是额定电流的 5～10 倍。电压等级越高，通断能力越小。

41. 如何根据使用条件确定交流接触器的额定电流？

接触器额定电流是指接触器在长期工作下的最大允许电流，持续时间≤8h，且安装于敞开的控制板上。如果冷却条件较差,选用接触器时,接触器的额定电流按负荷额定电流的110%~120%选取;对于长时间工作的电动机,由于接触器触点的氧化膜无法清除,会使接触电阻增大,导致触点发热超过允许温升,实际选用时,接触器的额定电流需增大到负荷额定电流的140%。

42. 空气断路器有哪些作用?

空气断路器也就是空气开关,在电路中起接通、分断和承载额定工作电流的作用,并能在线路和电动机发生过载、短路的情况下进行可靠的保护。

43. 当线路发生短路或严重过载电流时,空气断路器的动作原理是什么?

答:当线路发生短路或严重过载电流时,短路电流超过瞬时脱扣整定电流值,电磁脱扣器产生足够大的吸力,将衔铁吸合并撞击杠杆,使搭钩绕转轴座向上转动与锁扣脱开,锁扣在反力弹簧的作用下将三副主触头分断,切断电源,由灭弧装置熄灭分断时产生的电弧。

44. 当线路发生一般性过载时,空气断路器的动作原理是什么?

当线路发生一般性过载时,过载电流虽不能使电磁脱扣器动作,但能使热元件产生一定热量,促使双金属片受热向上弯曲,推动杠杆使搭钩与锁扣脱开,将主触头分断,切断电源,由灭弧装置熄灭分断时产生的电弧。

45. 断路器选型时主要考虑哪些问题?

(1)选用断路器的额定电流大于或等于线路或电气设备的额定电流。(2)选用断路器的额定短路分断能力(电流)大于或等于线路的最大短路电流。(3)选用断路器的保护功能相对完善全面,能满足其工作场合的要求。(4)选用断路器的外形尺寸相对较小，节省空间，便于在同一柜内可安装多台断路器。

46. 漏电保护器工作原理是什么？

正常工作时电路中除了工作电流外没有漏电流通过漏电保护器，此时流过零序互感器（检测互感器）的电流大小相等，方向相反，总和为零，互感器铁芯中感应磁通也等于零，二次绕组无输出，自动开关保持在接通状态。当被保护电器或线路发生漏电或有人触电时，就有一个接地故障电流，使流过检测互感器内电流不为零，互感器铁芯中产生磁通，其二次绕组有感应电流产生，经放大后输出，使漏电脱扣器动作推动自动开关跳闸达到漏电保护的目的。

47. 热继电器的工作原理是什么？

热继电器主要用来对异步电动机进行过载保护。它的工作原理是：过载电流通过热元件后，使双金属片加热弯曲推动动作机构来带动触点动作，从而启动电动机控制电路实现电动机断电停车，起到过载保护的作用。鉴于双金属片在热量传递的过程中需要较长的时间才能受热弯曲，因此热继电器不能用作短路保护，而只能用作过载保护。

48. 什么是热继电器的整定电流？其保护特性是什么？

热继电器的整定电流是指热元件长期允许通过的电流值。其保护特性是：在整定电流下，热元件长期不动作；当热元件通过的电流增加到整定电流的 1.2 倍时，从电流超过整定电流时刻开始，热继电器在 20min 内动作；增加到 1.5 倍时，热继电器在 2min 内动作；而从冷态开始，通过 6 倍的整定电流时，则需 5s 以上才动作。

49. 时间继电器如何选型？

首先要确定继电器是用在直流回路还是交流回路里，并确定额定电压等级（常用为220V、110V，DC/AC）；其次是确定安装方式，如：导轨式、凸出式、嵌入式等（是柜内安装还是面板开孔安装，抽屉柜一般选用导轨式）；最后确定所需延时种类，为通电延时或断电延时，以及延时时间。

50. 常用时间继电器有哪些类型？各自的特性和用途是什么？

常用时间继电器有空气式、电动式、直流电磁式、电子式。各类时间继电器的特性和用途如下：(1) 空气式，JS23、JS-7结构简单、易构成通电延时和断电延时，具有调整简便、价格较低等优点，使用较广，但延时精度低，一般用于要求不高的场合。(2) 电动式，JS-11、JS-17延时值不受电源电压波动及环境温度变化的影响，重复精度高，延时范围宽，可长达数十小时，延时过程能通过指针直观表示出来，但结构复杂，成本高、寿命低，不适于频繁操作，延时误差受电源频率的影响，一般用于机床电路中。(3) 直流电磁式，JT-18主要用于断电延时，时间可达0.2～10s，而通电延时仅为0.1～0.5s，延时整定精度和稳定性不是很高，但继电器本身适应能力较强。(4) 电子式，JS20、JS-13、JS-15，体积小精度高，延时范围较广，调节方便，消耗功率小，寿命长，主要用于中等延时时间为0.05～1h的场合。

51. 转换开关由哪几部分组成？工作原理是什么？

转换开关的结构由操作机构、定位装置和触点等三部分组成。转换开关的工作原理是触点为双断点桥式结构，动触点设计成自动调整式以保证短时的同步性。静触点装在触点座内。当将手柄转动到不同的挡位时，转轴带着凸轮随之转动，从而使触点按规定顺序闭合或断开。

52. 电流互感器原理是什么？

电流互感器是依据电磁感应原理制作而成的。它是由闭合的铁芯和绕组组成。它的一次绕组匝数很少，串在需要测量电流的线路中，因此它经常有线路的全部电流流过；二次绕组匝数比较多，串接在测量仪表和保护回路中。电流互感器在工作时，它的二次回路始终是闭合的，因此测量仪表和保护回路串联线圈的阻抗很小，电流互感器的工作状态接近短路。

53. 电流互感器的作用是什么？

电流互感器的作用是可以把数值较大的一次电流通过一定的变比转换为数值较小的二次电流，用于保护、测量，如变比为 400/5 的电流互感器，可以把 400A 的电流转变为 5A 的电流。

54. 三相异步电动机的工作原理是什么？

电动机是把电能转换成机械能的一种设备。当电动机的三相定子绕组（各相差 120°电角度），通入三相对称交流电后，将产生一个旋转磁场，该旋转磁场切割转子绕组，从而在转子绕组中产生感应电流（转子绕组是闭合通路），载流的转子导体在定子旋转磁场作用下将产生电磁力，从而在电动机转轴上形成电磁转矩，驱动电动机旋转，并且电动机旋转方向与旋转磁场方向相同。

55. 电动机的型号 Y2-160M1-8 的含义是什么？

Y：表示异步电动机；

2：表示设计序号；

160：表示轴中心到机座平面高度；

M1：表示机座长度规格；

8：表示 8 极电动机。

56. 抽油机常用哪种形式的电动机？有什么特点？

抽油机常用的电动机是三相异步鼠笼封闭式电动机。特点是：(1) 电动机的外壳是封闭的。(2) 有较好的防尘、防水性能。(3) 适用于露天潮湿的地方。

57. 三相异步电动机运行时，为什么转子转速总是低于其同步转速？

三相交流异步电动机的转子转速总是低于其同步转速，是因为：如果转子的转速和定子磁场速度相等时，则转子和旋转磁场相对静止，转子铝条不能切割磁场，在转子铝条上就没有感应电动势，也就没有电流，转子也就无力转起来。所以转子总要比定子的旋转磁场转得慢些才能切割磁场，在转子铝条上就有感应电动势，也就有电流，转子才能转起来，因此转速总是低于其同步转速。

58. 采用变频器驱动电动机，与直接启动的电动机相比，其启动电流、启动转矩有何变化？

采用变频器驱动电动机，其启动电流被限制在150%额定电流以下（根据机种不同，为125%～200%），而用工频电源直接起动时，启动电流为额定电流4～7倍，因此，会产生机械和电气上的冲击。采用变频器驱动可以平滑地起动（启动时间变长），启动电流也可限制为额定电流的1.2～1.5倍，启动转矩为70%～120%额定转矩；对于带有转矩自动增强功能的变频器，启动转矩为额定转矩的100%以上，可以带全负载启动。

59. PLC的输入方式有几种？

PLC的输入方式有两种：一种是数字量输入，另一种是模拟量输入，模拟量要经过模拟/数字变换部件进入PLC。

60. PLC 的应用范围有哪些？

（1）用于开关逻辑控制。（2）用于机械加工数字控制。（3）用于闭环控制。（4）用于多级控制系统，实现工厂自动化网络。（5）用于机器人控制。

61. GGD 开关柜具有哪些结构特点？

（1）GGD 型交流低压配电柜的柜体采用通用柜形式，构架用 8mm 冷弯型钢局部焊接组装而成，并有 20 模的安装孔，通用系数高。（2）GGD 柜充分考虑散热问题。在柜体上下两端均有不同数量的散热槽孔，当柜内电器元件发热后，热量上升，通过上端槽孔排出，而冷风不断地由下端槽孔补充进柜，使密封的柜体自下而上形成一个自然通风道，达到散热的目的。（3）柜体的顶盖在需要时可拆除，便于现场主母线的装配和调整，柜顶的四角装有吊环，用于起吊和装运。（4）柜体的防护等级为 IP30，用户也可根据环境的要求在 IP20～IP40 之间选择。

62. MNS 型低压开关柜（抽屉柜）具有哪些结构特点？

（1）MNS 型低压开关柜框架为组合式结构。（2）开关柜的各功能室相互隔离，各室的作用相对独立。（3）开关柜的结构设计可满足各种进出线方案要求：上进上出、上进下出、下进上出、下进下出。（4）设计紧凑：以较小的空间容纳较多的功能单元。（5）结构件通用性强、组装灵活，以 $E=25mm$ 为模数，结构及抽出式单元可以任意组合，以满足系统设计的需要。（6）母线用高强度阻燃型、高绝缘强度的塑料板保护，具有抗故障电弧性能，运行维修安全可靠。（7）各种大小抽屉的机械联锁机构符合标准规定，有连接、试验、分离三个明显的位置，安全可靠。（8）采用标准模块设计，分别可组成保护、操作、转换、控制、调节、测定、指示等标准单元，可以根据要求任意组装。（9）采用高强度阻燃型工程塑料，有效加强了防护安全性能。（10）通用化、标准化程度高，装配方便。（11）柜体可按工作环境的不同要求选用相应的防护等级。

63. GGD 型交流低压开关柜的优缺点有哪些？

优点：该开关柜具有结构合理，安装维护方便，防护性能好，分断能力高等优点，容量大，分段能力强，动稳定性强，电器方案适用性广等优点，可作为换代产品使用。

缺点：回路少，单元之间不能任意组合且占地面积大，不能与计算机联网。

64. GCK、GCS、MNS 型低压开关柜（抽屉柜）的优缺点有哪些？

优点：（1）设计紧凑：以较小的空间容纳较多的功能单元。（2）结构通用性强，组装灵活：以 25mm 为模数的 C 型型材能满足各种结构形式、防护等级及使用环境的要求。（3）采用标准模块设计：分别可组成保护、操作、转换、控制、调节、指示等标准单元，用户可根据需要任意选用组装。（4）装配方便。（5）压缩场地，可大大压缩储存和运输预制作的场地。

缺点：电器方案通用性差。

65. 电网谐波来源于哪些设备？

电网谐波来源于非线性用电设备。非线性用电设备主要有以下四大类：（1）电弧加热设备：如电弧炉、电焊机等。（2）交流整流的直流用电设备：如电力机车、电解槽、电镀设备等。（3）交流整流再逆变用电设备：如变频调速器、变频空调等。（4）开关电源设备：如中频炉、电子整流器等。

66. 改善供电线路电压偏差的主要措施有哪些？

（1）正确选择变压器变比和电压分接头。（2）合理减少线路阻抗。（3）提高自然功率因数，合理进行无功补偿并按电压与负荷变化自动投切无功补偿装置。（4）根据电力系统潮流分布，及时调整运行方式。（5）采用有载调压手段，实时调整供电电压。

67. 提高电网负载的功率因数对电网有什么影响？

提高电网负载的功率因数后，可以提高电源设备容量的利用率，同时能减少输电线路的电压损失和电能损耗。

68. 提高负荷率有什么好处？

负荷率是反应发电、供电、用电设备是否得到充分利用的重要的技术指标之一。提高负荷率不仅使用电单位的用电达到经济合理，而且也为整个电网的安全经济运行创造了条件。

69. 电路由哪几部分组成的？各部分的作用是什么？

（1）电路是由电源、负载、连接导线和开关等基本部分组成的。（2）电源是输出电能的设备；负载是消耗电能的设备；导线和开关是输送和控制电能的设备。

70. 常用电气图形符号有哪些？

常用电气图形符号见表6。

表6 常用电气设备符号

序号	电气设备名称	文字符号	图形符号
1	双绕组变压器	TM	
2	断路器	QF	
3	负荷开关	QL	

续表

序号	电气设备名称	文字符号	图形符号
4	隔离开关	QS	
5	跌落式断路器	FF	
6	漏电流断路器	QR	
7	刀开关	QK	
8	刀熔开关	QFS	
9	母线与母线引出线	W	
10	电流互感器	TA	
11	电压互感器	TV	
12	阀型避雷器	F	
13	电抗器	L	
14	电缆及其终端头		

71. 如何绘制白炽灯、日光灯电路？

白炽灯电路如图 1 所示，日光灯电路如图 2 所示。

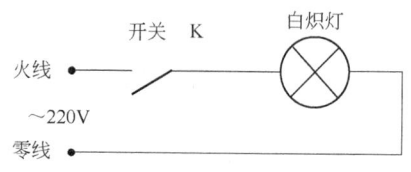

图1 白炽灯照明电器原理图

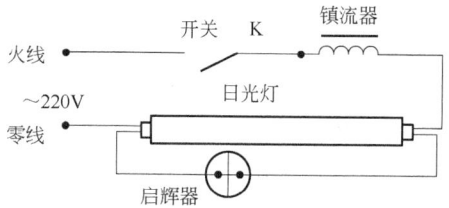

图2 日光灯照明电器原理图

72. 如何绘制高压钠灯、汞灯、卤钨灯电气原理图？

高压钠灯、汞灯、卤钨灯电气原理图如图3、图4、图5所示。

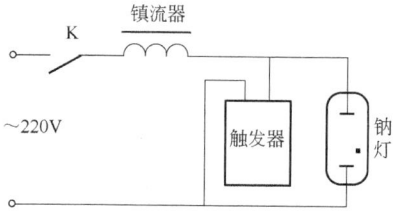

图3 高压钠灯电气原理图

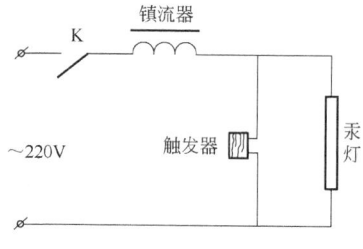

图4 汞灯电气原理图

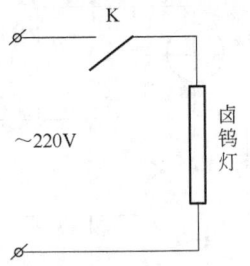

图 5 卤钨灯电气原理图

73. 如何绘制三相异步电动机点动及连续运行电路？

三相异步电动机点动及连续运行电路如图 6 所示。

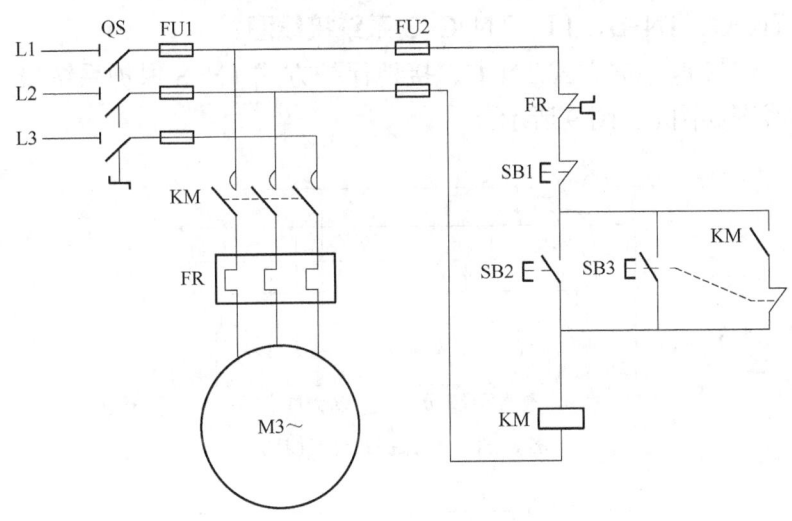

图 6 点动与连续运行控制电路

L1、L2、L3—三相电源；QS—隔离开关；FU—熔断器；
SB—按钮；FR—热继电器；KM—交流接触器；
M3～—三相交流异步电动机

74. 如何绘制单相电度表测量电路？

单相电度表接线图如图 7 所示。

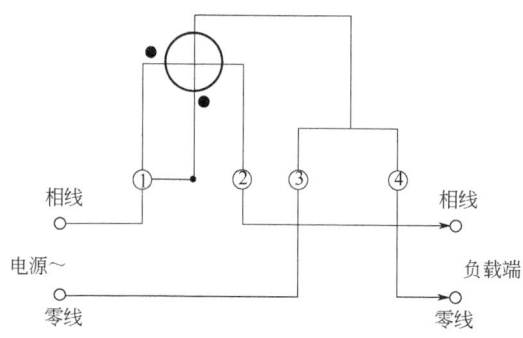

图 7 单相电度表接线图

75. 如何绘制低压配电网接地方式及安全保护方式 TN-C、TN-S、TT、TN-C-S 系统接线图?

接地保护方式 TN-C、接地保护方式 TN-S 保护系统接线图如图 8、图 9 所示。

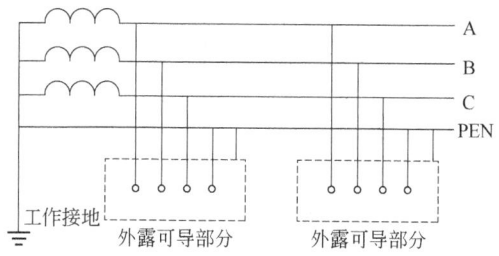

图 8 TN-C 保护系统接线图

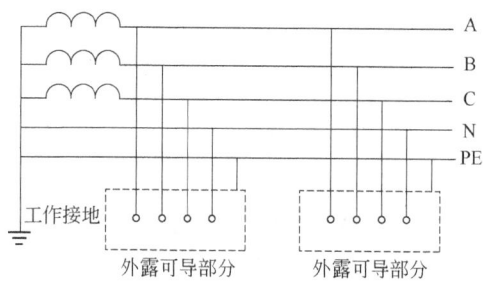

图 9 TN-S 保护系统接线图

接地保护方式 TT、接地保护方 TN-C-S 保护系统接线图如图 10、图 11 所示。

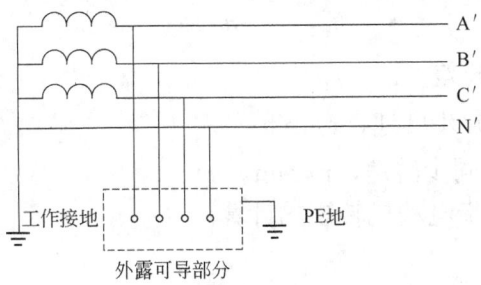

图 10　TT 保护系统接线图

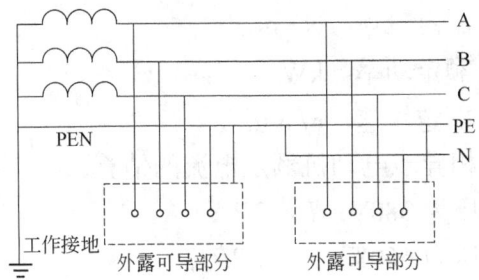

图 11　TN-C-S 保护系统接线图

76. 常用电工计算公式有哪些？

（1）异步电动机同步转数的计算：

$$n_1 = \frac{60f}{p}$$

n_1——同步转速，r/min；
f——电源频率；
p——极对数。

(2) 异步电动机转差率的计算：

$$s = \frac{n_1 - n}{n_1}$$

s——转差率；

n——异步转速，r/min；

n_1——同步转速，r/min。

(3) 异步电动机转矩的计算：

$$T_N = 9550 \frac{P_N}{n_N}$$

T_N——额定转矩，N·m；

P_N——额定功率，kW；

n_N——额定转速，r/min。

(4) 三相异步电动机额定电流的估算。

额定电压为380V：$I \approx 2P_N$；

额定电压为660V：$I \approx 1.2P_N$；

额定电压为220V：$I \approx 3.5P_N$。

(5) 单相电热器负载电流的估算 220V：$I \approx 4.5P$；380V：$I \approx 2.6P$。

(6) 三相电热器负载电流的估算 380V：$I \approx 1.5P$。

(7) 白炽灯电流计算单相：$I \approx P_N/U_N$。

77. 三相电功率及功率因数如何计算？

(1) 不对称三相负载。

总的有功功率：$P = P_A + P_B + P_C$

式中　P_A、P_B、P_C——A相、B相、C相负载的有功功率。

总的无功功率：$Q = Q_A + Q_B + Q_C$

式中　Q_A、Q_B、Q_C——A相、B相、C相负载的无功功率。

总的视在功率：$S = \sqrt{P^2 + Q^2}$

式中　P、Q——分别为总的有功功率、无功功率。

(2) 对称三相负载。

总的有功功率：$P = 3P_p = \sqrt{3}U_L I_L \cos\phi_{uip}$

式中　P_p——每一相的有功功率；
　　　U_L——线电压；
　　　I_L——线电流；
　　　$\cos\phi_{uip}$——每一相的功率因数。

总的无功功率：$Q = 3Q_p = \sqrt{3}U_L I_L \sin\phi_{uip}$

式中　Q_p——每一相的无功功率；
　　　ϕ_{uip}——每一相的相电压与相电流的相位差。

三相电路的功率因数为：$\cos\phi = \dfrac{P}{S}$

式中　P、S——分别是总的三相有功功率和总的三相视在功率。

对称三相负载，因 $P = \sqrt{3}\, U_L I_L \cos\phi_{uip}$ 及 $S = \sqrt{3}\, U_L I_L$，所以三相电路的功率因数：

$$\cos\phi = \frac{P}{S} = \frac{\sqrt{3}U_L I_L \cos\phi_{uip}}{\sqrt{3}U_L I_L} = \cos\phi_{uip}$$

即：对称三相电路的功率因数等于每相的功率因数。

78. 电气设备的接地一般有哪几种类型？

电气设备的接地一般有工作接地、保护接地、防雷接地、防静电接地、重复接地、屏蔽接地。

79. 螺杆泵井电动机变频拖动及控制电路常见故障有哪些？各类故障的处理要点有哪些？

（1）变频器充电启动电路故障：启动电路故障一般表现为启动电阻烧坏，变频器报警显示为直流线电压故障。如果故障是由输入侧电源频率引起的，必须消除这种现象才能将变频器投入使用，如果故障只由旁路元件引起，则必须更换这些器件。（2）变频器显示过流故障：出现这种显示时，首先检查加速时间参数是否太短，力矩提升参数是否太大，然后检查负载是否太重。如果没有这些现象，复位后运行。（3）变频器显示过压故障：变频器出现过压故障，一是通常只需断开变频器电源1min左右再上电即可，二是将减速时间参数加长或增大制动电阻（制动单元）；三是将变频器的停止方式设置为自由停车方式。（4）电动机发热，变频器显示过载故障：对于已经投入运行的变频器，必须检查负载状况，对于新安装的变频器出现这种故障，很可能是V/F曲线设置不当或电动机参数设置有问题，此时必须正确设置好各种参数，另外，电动机在低频的工作时散热性能变差，也会出现这种情况，这时就需加装散热装置。

80. 实际生产中的工、变频基本操作步骤有哪些？

（1）工频运行：工频运行时，须将转换开关旋至"工频"挡。按启动按钮→继电器闭合自锁→主接触器自锁→电动机工频启动并运行。（2）变频运行：变频运行时，须将转换开关S旋至"变频"挡。按启动按钮→继电器闭合自锁→主接触器自锁→接至变额器→电动机变频启动并运行。（3）保护电路：当变频器发生故障时，其报警输出端子动作。继电器断开→接触器断电→变频器脱离电源→电动机停止运行。

81. 双速、双功率电动机综合保护器有哪些功能？

（1）控制器具有缺相及相电流不平衡、过载、过热故障保护及状态自锁功能，故障原因指示功能。（2）控制器具有电动机额定电流数字设定功能。（3）控制器具有自动、手动启动切换及延时自启动功能。（4）控制器具有空气开关脱扣控制继电器输出功能。

82. 双速、双功率电动机综合保护器能调整哪些参数？

（1）额定电流设定：额定电流设定采用三位数字拨码开关输入，第一位为"百位"，第二位为"十位"，第三位为"个位"，按电动机的额定电流值输入即可，本控制器电流设定范围为 20～160A，当输入值小于 20A 时按 20A 计算，当输入值大于 160A 时按 160A 计算。（2）自起动延时调整电位器：用于选择延时自启动时间。

83. 双速、双功率电动机综合保护器发光管能显示哪些运行信息？

发光管用于指示系统当前状态。能显示：（1）电源：为控制器有无电源指示。（2）运行：控制器进入保护控制状态时指示灯亮，控制器退出保护控制状态时指示灯灭。（3）缺相：指示灯亮，指示故障原因为缺相或相电流不平衡。（4）过载：指示灯亮，指示故障原因为过载，指示灯闪亮，指示为过载延时控制状态。（5）过热：指示灯亮，指示电动机温度过高。

84. PLC 的一个扫描周期可分为几个阶段？

PLC 的一个扫描周期可分为 5 个阶段，即内部处理阶段、通信服务阶段、输入采样阶段、程序执行阶段和输出刷新阶段。

85. PLC 和继电器控制电路工作原理有什么差别？

PLC 继电器电路和继电器控制电路工作原理的差别主要是以下几点：(1) 组成元件的差别。(2) 触点数量的差别。(3) 逻辑关系的差别。(4) 运行时序的差别。

86. PLC 按什么标准进行分类？

PLC 产品种类繁多，其功能、产地、结构和规模也各不相同，一般按以下几种标准进行分类。根据硬件结构形式进行分类，根据 I/O 点数进行分类，根据功能不同分类。

87. 什么是梯形图中的左、右母线？

梯形图只是 PLC 形象化的一种编程方法，梯形图中左、右母线之间并不接任何电源，每个逻辑行中并没有实际电流通过，只是认为梯形图中每个逻辑行有假想的电流从左往右流动。梯形图中最左边的垂直线是左母线，最右边的垂直线是右母线，画梯形图时每一个逻辑行必须从左母线开始，终止于右母线。

88. PLC 与继电器控制系统在工作方式上有什么区别？

可编程控制器采用"串行"方式执行程序，即同时只能执行一条指令，各条指令的执行是有先后次序的，在梯形图中，按从上到下、从左往右的方向执行程序。

继电器控制系统中的某一继电器通电动作时，它的所有主触点与常闭触点和常开触点同时动作，这些触点在电路中的不同位置同时起作用，使它们控制的回路相应地发生逻辑变化。这种工作方式称为"并行"工作方式。

89. 三菱 FX2N 系列 PLC 的面板结构包含哪些内容？

三菱 FX2N 系列为小型 PLC，采用叠装式的结构形式，主要包含：型号、状态指示灯、模式转换开关与通信接口、

PLC 的电源端子与输入端子、输入指示灯、输出指示灯、输出端子。

90. 什么是 PLC 的输入继电器？

PLC 的输入端子是从外部接收信号的端口，PLC 内部与输入端子连接的输入继电器是用光电隔离的电子继电器，它们的编号与接线端子编号一致，按八进制进行编号，线圈的通断取决于 PLC 外部触点的状态，不能用程序指令驱动。内部提供常开/常闭两种触点供编程时使用，且使用次数不限。

91. 什么是 PLC 的输出继电器？

PLC 的输出端子是向外部负载输出信号的端口。输出继电器的线圈通断由程序驱动，输出继电器也按八进制编号，其外部输出主触点接到 PLC 的输出端子上供驱动外部负载使用，内部提供常开/常闭触点供程序使用，且使用次数不限。

92. 变频器的组成是什么？

变频器主要由整流（交流变直流）、滤波、逆变（直流变交流）、制动单元、驱动单元、检测单元微处理单元等组成的。

93. 矢量控制是怎样改善电动机的输出转矩能力的？

（1）转矩提升此功能增加变频器的输出电压（主要是低频时），以补偿定子电阻上电压降引起的输出转矩损失，从而改善电动机的输出转矩。

（2）改善电动机低速输出转矩不足的技术使用"矢量控制"，可以使电动机在低速，如（无速度传感器时）1Hz（对4极电动机，其转速大约为 30r/min）时的输出转矩可以达到电动机在 50Hz 供电输出的转矩（最大约为额定转矩的150%)。

94. 为什么变频器的电压与电流成比例的改变？

异步电动机的转矩是电动机的磁通与转子内流过电流之间相互作用而产生的，在额定频率下，如果电压一定而只降低频率，那么磁通就过大，磁回路饱和，严重时将烧毁电动机。因此，频率与电压要成比例地改变，即改变频率的同时控制变频器输出电压，使电动机的磁通保持一定，避免弱磁和磁饱和现象的产生。这种控制方式多用于风机、泵类节能型变频器。

95. 电动机使用工频电源驱动时，电压下降则电流增加；对于变频器驱动，如果频率下降时电压也下降，那么电流是否增加？

频率下降（低速）时，如果输出相同的功率，则电流增加，但在转矩一定的条件下，电流几乎不变。

96. 采用变频器运转时，电动机的启动电流、启动转矩会是怎样？

采用变频器运转，随着电动机的加速相应提高频率和电压，起动电流被限制在150%额定电流以下（根据机种不同，为125%～200%)。用工频电源直接起动时，起动电流为6～7倍，因此，将产生机械电气上的冲击。采用变频器起动可以平滑地起动（起动时间变长）。起动电流为额定电流的1.2～1.5倍，起动转矩为70%～120%额定转矩；对于带有转矩自动增强功能的变频器，起动转矩为100%以上，可以带全负载起动。

97. 按比例地改V和f时，电动机的转矩如何变化？

频率下降时完全成比例地降低电压，那么由于交流阻抗变小而直流电阻不变，将造成在低速下产生地转矩有减小的倾向。因此，在低频时给定 V/f，要使 输出电压提高一些，以便获得一定的启动转矩，这种补偿称增强起动。可以采用各种方法实现，有自动进行的方法、选择 V/f 模式或调整电位器等方法。

98. 变频器按电压等级如何分类？

（1）高压变频器：3kV、6kV、10kV。

（2）中压变频器：660V、1140V。

（3）低压变频器：220V、380V。

99. 对于一般电动机的组合是在 60Hz 以上也要求转矩一定，是否可以？

通常情况下是不可以的。在 60Hz 以上（也有 50Hz 以上的模式）电压不变，大体为恒功率特性，在高速下要求相同转矩时，必须注意电动机与变频器容量的选择。

100. 实际转速对于给定速度有偏差时如何办？

开环时，变频器即使输出给定频率，电动机在带负载运行时，电动机的转速在额定转差率的范围内（1%～5%）变动。对于要求调速精度比较高，即使负载变动也要求在近于给定速度下运转的场合，可采用具有 PG 反馈功能的变频器（选用件）。

101. 为什么用离合器连接负载时，变频器的保护功能就动作？

用离合器连接负载时，在连接的瞬间，电动机从空载状态向转差率大的区域急剧变化，流过的大电流导致变频器过电流跳闸，不能运转。

102. 装设变频器时安装方向是否有限制？

变频器内部和背面的结构考虑了冷却效果的，上下的关系对通风也是重要的，因此，对于单元型在盘内、挂在墙上的都取纵向位，尽可能垂直安装。

103. 不采用软起动，将电动机直接投入到某固定频率的变频器时是否可以？

在很低的频率下是可以的，但如果给定频率高则同工频电源直接启动的条件相近。将流过大的启动电流（6～7倍额定电流），由于变频器切断过电流，电动机不能启动。

104. 电动机超过60Hz运转时应注意什么问题？

（1）机械和装置在该速下运转要充分可能（机械强度、噪声、振动等）。

（2）电动机进入恒功率输出范围，其输出转矩要能够维持工作（风机、泵等 轴输出功率于速度的立方成比例增加，所以转速少许升高时也要注意）。

（3）产生轴承的寿命问题，要充分加以考虑。

（4）对于中容量以上的电机特别是2极电动机，在60Hz以上运转时要与厂家仔细商讨。

105. 变频器可以传动齿轮电动机吗？

根据减速机的结构和润滑方式不同，需要注意若干问题。在齿轮的结构上通常可考虑70～80Hz为最大极限，采用油润滑时，在低速下连续运转关系到齿轮的损坏等。

106. 为什么不能在6～60Hz全区域连续运转使用？

一般电动机利用装在轴上的外扇或转子端环上的叶片进行冷却，若速度降低则冷却效果下降，因而不能承受与高速运转相同的发热，必须降低在低速下的负载转矩，或采用容量大的变频器与电动机组合，或采用专用电动机。

107. 变频器的寿命有多久？

变频器虽为静止装置，但也有像滤波电容器、冷却风扇那样的消耗器件，如果对它们进行定期的维护，可望有10年以上的寿命。

108. 变频器内装有冷却风扇，风的方向如何？风扇若是坏了会怎样？

对于小容量也有无冷却风扇的机种。有风扇的机种，风的方向是从下向上，所以装设变频器的地方，上部、下部不要放置妨碍吸、排气的机械器材。还有，变频器上方不要放置怕热的零件等。风扇发生故障时，由电扇停止检测或冷却风扇上的过热检测进行保护。

109. 使用带制动器的电动机时应注意什么？

制动器励磁回路电源应取自变频器的输入侧。如果变频器正在输出功率时制动器动作，将造成过电流切断。所以要在变频器停止输出后再使制动器动作。

110. 超声波流量计有何特点？

超声波流量计主要有如下特点：(1) 是一种非接触式流量测量仪表，可测量液体、气体介质的体积流量，除具有电磁流量计的优点（无压力损失，不干扰流场，能测量强腐蚀性介质，含杂质污物的介质等）外，还可测量非导电介质的流量，而且不受流体压力、温度、黏度、密度的影响；(2) 通用性好，同一台表可测不同口径的管道内的介质流量；(3) 安装维修方便，不需要切断流体，不影响管道内流体的正常流通。安装时不需要阀门、法兰、旁通管等；(4) 特别适用于大口径管道的流量测量（管道口径可达15m），由于没有压力损失，节能效果显著。

111. 电磁流量计有何特点？

(1) 测量管是一段光滑的直管，无活动及阻流部件，基本上无压力损失，对于大口径管道来说，节能效果显著。(2) 不怕堵塞，特别适用于测量液固二相介质的流量。(3) 合理选用衬里材料及电极材料，可测量各种腐蚀性介质流量。(4) 安装要求低，前置直管段长度为5D. 后置直管段为3D（孔板为24D和7D，涡轮为20D和5D）。(5) 测量精度高。目前可达±0.5%至±1%。(6) 量程比宽，为1：20（孔板为1：3，涡轮为1：5）。(7) 电磁流量计也有其局限性和不足之处：介质温度不能太高，一般不超过120℃，压力一般不超过1.6MPa，流速不得低于0.3m/s。(8) 被测介质必须是导电性液体，最低电导率＞20μs/cm，被测介质中不能含有较多的铁磁性物质及气泡。不能用于气体、蒸汽、石油制品等非导电性流体。

112. 本质安全型仪表有何特点？

本质安全型仪表又叫安全火花型仪表。它的特点是仪表在正常状态下和故障状态下，电路、系统产生的火花和达到的温度都不会引起爆炸性混合物发生爆炸。

113. 智能变送器有何特点？

智能变送器除了具备常规电Ⅲ型变送器的优点外，还具备以下优点：(1) 可实现A/D、D/A转换器，与编程器或DCS进行通信。(2) 可对所测参数进行线性化处理，可直接作平方根运算。(3) 可对组态参数进行存储和记忆。(4) 提供智能接口，对变送器做量程修改、零点迁移、零点量程校准、阻尼调整、工程单位变换。(5) 有故障自诊断功能。

114. 隔爆型仪表有何特点？

(1) 隔爆型仪表的特点是，将仪表中正常工作和事故状态下可能产生火花、电弧的部分放在一个或分放在几个外壳中。(2) 这种外壳除了将火花、电弧与使用环境中的爆炸性气体隔开以外，还具有一定的强度，各零件间的联接有一定的结构形式与结构参数。(3) 从环境中进入壳内的爆炸性气体与空气的混合物被火花、电弧引爆时，外壳不致被炸坏，不会通过隔爆面引爆环境中爆炸性气体与空气的混合物。

115. 什么是科氏力质量流量计？

科氏力质量流量计是运用流体质量流量对振动管振荡的调制作用即科里奥利力现象为原理，以质量流量测量为目的的质量流量计。

116. 电涡流传感器是怎样测量振动和位移的？

(1) 电涡流式探头测出的与瞬时位移量成正比的输出信号中，包含有直流分量和交流分量。(2) 直流分量相当于信号的算术平均值，通过一定结构的监测仪将直流分量放大处理并转换成标准信号就反映出机器轴向位置的状况。(3) 交流分量是振动幅度的瞬时值，通过一定结构的监测仪将交流分量的峰值进行放大处理并转换成标准信号，就反映出机器径向振动的情况。

HSE 知识

（一）名词解释

1. **静电**：由于物体与物体之间的紧密接触和分离，或者相互摩擦，发生了电荷转移，破坏了物体原子中的正负电荷的平衡而产生的电。

2. **触电**：电流通过人体与大地或其他导体形成回路。

3. **跨步电压触电**：指电气设备绝缘损坏或当输电线路一根导线断线接地时，在导线周围的地面上，由于两脚之间的电位差所形成的触电。

4. **保护接零**：在正常情况下，将电器设备不带电的导电部分与低压配电网的零线连接起来，防止漏电发生触电事故。

5. **保护接地**：在正常情况下，将电器设备不带电的导电部分与接地体连接起来，防止漏电发生触电事故。

6. **燃烧**：可燃物与氧化剂作用发生的放热反应，通常伴有火焰、发光和（或）发烟的现象。

7. **闪燃**：在一定温度下，易燃、可燃液体挥发的蒸气与空气混合达到一定浓度遇明火发生一闪即逝的燃烧，或者将可燃固体加热到一定温度后，遇明火会发生一闪即灭的燃烧现象。

8. **自燃**：可燃物质在没有外部明火焰等火源的作用下，因受热或自身发热并蓄热所产生的自行燃烧的现象。

9. **着火**：可燃物受外界火源直接作用而开始的持续燃烧。

10. **爆燃**：可燃物质（气体、雾滴和粉尘）与空气或氧气的混合物由火源点燃，火焰立即从火源处以不断扩大的同心球，自动扩展到混合物存在的全部空间，这种以热传导方式自动在空间传播的燃烧现象称为爆燃。

11. **爆炸极限**：当可燃气体、可燃粉尘或液体蒸气与空气（氧气）混合达到一定浓度时，遇到火源就会爆炸，这个浓度范围称为爆炸极限。

12. **火灾**：是指在时间或空间上失去控制的燃烧造成的灾害。

13. **冷却法**：将灭火剂直接喷射到燃烧物上，以降低燃烧物温度于燃点之下，使燃烧停止的灭火方法。

14. **窒息法**：用以降低氧浓度来灭火的方法。

15. **隔离法**：将火源处或其周围的可燃物质隔离或移开，燃烧会因缺少可燃物而停止的灭火方法。

16. **高处作业**：凡是在坠落高度基准面2m（含2m）以上，有可能坠落的高处作业称为高处作业。

17. **危险化学品**：是指具有易燃、易爆、有毒、腐蚀、放射性等危险特性，在生产、储存、运输、使用和废弃物处置过程中极易造成人身伤亡、财产损失和污染环境的化学品。

18. **噪声**：是声强和频率的变化都无规律、杂乱无章的声音。

19. **特种作业**：是指在劳动过程中容易发生伤亡事故，对操作者本人，尤其对他人和周围设备安全，可能造成重大危害的作业。

20. **电击伤害**：是指在发生电击时，电流通过人体的内部，造成人体内部组织的破坏，影响呼吸、心脏和神经系统。严重的电击会导致触电人的死亡。

21. **风险**：在HSE管理体系中是指某一特定危害事件发生的可能性与后果严重性的组合。风险是指特定事件发生的概率和可能危害后果的函数：风险＝可能性×后果的严重程度。

22. **危险**：是指可能导致事故的状态，它是指事物处于一种不安全的状态，是可能发生潜在事故的征兆。

23. **风险评价**：是指评估风险程度及确定风险是否可被允许的全过程。

24. 风险控制：是指利用工程技术、教育和管理手段消除、代替和控制危害因素，防止发生事故、造成人员伤亡和财产损失的行为。

（二）问答

1. 哪些物质易产生静电？

金属、木柴、塑料、化纤、油制品等易产生静电。

2. 物质产生静电的条件是什么？

其在高温、高压、干燥的情况下易产生静电。

3. 为什么静电能将可燃物引燃？

因为可燃性气体及蒸气与空气混合的最小引燃能量为 0.009mJ，可燃性气体与氧气混合的最小引燃能量为 0.0002～0.0027mJ，粉尘的最小引燃能量为 5～60mJ，通常静电放出的电火花能量，完全能使可燃物引燃。

4. 防止静电有哪几种措施？

增加湿度；采用感应式静电消除器；采用高压电晕放电式消除器；采用离子流静电消除器；采用防静电鞋；采用防静电服经地面导电。

5. 消除静电的方法有哪几种？

静电接地；增湿；加抗静电添加剂；采用静电中和器；采用工艺控制法。

6. 人体发生触电的原因是什么？

在电路中，人体的一部分接触相线，另一部分接触其他导体，就会发生触电。触电的原因有违规操作；绝缘性能差，漏电，接地保护失灵，设备外壳带电；工作环境过于潮湿，未采取预防触电措施；接触断落的架空输电线或地下电缆漏电。

7. 触电分为哪几种？

直接接触触电（单相触电、两相触电）；间接触电（接触电压触电、跨步电压触电）；其他类型触电（感应电压电击、雷电电击、残余电荷电击、静电电击）。

8. 触电的现场急救方法主要有几种？

触电的现场急救方法有人工呼吸法、人工胸外心脏挤压法两种。

9. 发生人身触电应该怎么办？

迅速切断电源；若无法立即切断电源时，用绝缘物品使触电者脱离电源；保持呼吸道畅通；立即呼叫"120"急救电话，请求救治；如呼吸、心跳停止，应立即进行心肺复苏；妥善处理局部电烧伤的伤口。

10. 如何使触电者脱离电源？

尽快断开与触电者有关的电源开关；用相适应的绝缘物使触电者脱离电源；现场可采用短路法使断路器跳闸或用绝缘杆挑开导线；脱离电源时要防止触电者摔伤。

11. 预防触电事故的措施有哪些？

预防触电的措施主要是指为了防止直接电击或间接电击而采取的通用基本安全措施。其包括绝缘防护、屏障防护、安全间距防护、接地接零保护、漏电保护和安全电压等措施。

12. 安全用电注意事项有哪些？

（1）手潮湿（有水或出汗）不能接触带电设备和电源线。（2）各种电器设备，如电动机、启动器、变压器等金属外壳必须有接地线。（3）电路开关一定要安装在火线上。（4）在接、换熔断丝时，应切断电源。熔断丝要根据电路中的电流大小选用，不能用其他金属代替熔断丝。（5）正确地选用电线,根据电流的大小确定导线的规格及型号。(6) 人体不要直接与通电设备接触,应用装有绝缘柄的工具(绝缘手柄的夹钳等)操作电器设备。(7) 电器设备发生火灾时,应立即切断电源,使用现有灭火器材(二氧化碳、干粉)灭火,切不可用水或泡沫灭火器灭火。(8) 高大建筑物必须安装避雷器,如发现温升过高,绝缘下降时,应及时查明原因,消除故障。(9) 发现架空电线破断、落地时,人员要离开电线落地点 8m 以外,要有专人看守,并迅速组织抢修。

13. 燃烧分为哪几类?

燃烧按形成的条件和瞬间发生的特点,分为闪燃、着火、自燃、爆燃四种。

14. 燃烧必须具备哪几个条件?

燃烧需同时具备可燃物、助燃物(氧化剂)和引火源三个条件,这三个要素中缺少任何一个,燃烧都不能发生或持续。阻断三要素的任何一个要素就可以扑灭火灾。

15. 火灾过程一般分为哪几个阶段?

火灾过程一般可分为初起阶段、发展阶段、猛烈阶段、下降阶段和熄灭阶段。

16. 扑救火灾的原则是什么?

(1) 报警早,损失少。(2) 边报警,边扑救。(3) 先控制,后灭火。(4) 先救人,后救物。(5) 防中毒,防窒息。(6) 听指挥,莫惊慌。

17. 灭火有哪些方法?

灭火的方法有冷却、窒息、隔离和化学抑制。

18. 油气站库常用的消防器材有哪些?

油气站库常用的消防器材有灭火器、消防桶、消防锹、消防砂、消防镐、消防钩、消防斧、消防栓井、消防阀井、消防栓、防毒面具、灭火毯、泡沫发生器、消防管线等。

19. 目前油田常用的灭火器有哪些？

目前油田常用的灭火器有泡沫灭火器、二氧化碳灭火器、干粉灭火器等。

20. 手提式干粉灭火器如何使用？适用哪些火灾的扑救？

使用方法：首先拔掉保险销，然后一手将拉环拉起或压下压把，另一只手握住喷管，对准火源。适用范围：扑救液体火灾、带电设备火灾和遇水燃烧等物品的火灾，特别适用于扑救气体火灾。

21. 使用干粉灭火器的注意事项有哪些？

（1）要注意风向和火势，确保人员安全。（2）使用时，需要握住喷嘴，将提环提起来，干粉才能从喷嘴中喷射出。（3）操作时要保持竖直，不能横置或倒置，否则易导致不能将灭火剂喷出。（4）在灭火过程中，要对准火源根部，才能起到很好的灭火效果，有效避免火焰窜回。如果扑灭的是液体火灾，那么灭火器不能正对液面喷射，以免燃烧液体溅出将火势扩大。

22. 如何检查管理干粉灭火器？

将干粉灭火器放置在通风、干燥、阴凉并取用方便的地方；避免高温、潮湿和腐蚀严重的场合，防止干粉灭火剂结块、分解；每季度检查干粉是否结块；检查压力显示器的指针应在绿色区域；灭火器一经开启必须再充装。

23. 如何报火警？

一旦失火，要立即报警，报警越早，损失越小。打电话时，一定要沉着，首先要记清火警电话"119"，接通电话后，要向接警中心讲清失火单位的名称、地址、什么东西着火、火势大小，以及火的范围；同时还要注意听清对方提出的问题，以便正确回答；随后，把自己的电话号码和姓名告诉对方，以便联系；打完电话后，要立即派人到交叉路口等待消防车的到来，以利于引导消防车迅速赶到火灾现场；还要迅速组织人员疏散消防通道，消除障碍物，使消防车到达火场后能立即进入最佳位置灭火救援。

24. 泵房发生火灾的应急措施有哪些？

切断通往泵房的所有电源，如值班室不能操作，应及时通知变电所切断通往本岗电源；直接用灭火器和防火砂灭火，如火势较大，立即拨打"119"火警电话；向值班干部汇报；倒通事故流程；打开所有消防通道，迎接消防车；灭火后，认真分析火灾原因；如果设备无损伤，应及时恢复正常生产；做好记录。

25. 化验室发生火灾的应急措施有哪些？

视情况切断化验室电源，如果在化验室不能操作，应及时回到值班室切断电源。火势较小时，立即使用现有的灭火器材扑救初期火灾，如火势较大难以控制时，立即拨打"119"火警电话。组织现场与抢险无关人员撤离，查看人员情况，如有人员受伤，需在判断没有次生伤害的情况下，穿戴好防护用品，抢救出伤员并实施紧急处理，送急救中心。汇报值班干部。打开所有消防通道，迎接消防车。灭火后，认真分析火灾原因，做好记录。

26. 油、气、电着火如何处理？

切断油、气、电源，放掉容器内压力，隔离或搬走易燃物。刚起火或小面积着火，在人身安全得到保证的情况下要迅速灭火，可用灭火器、湿毛毡、棉衣等灭火，若不能及时灭火，要控制火势，阻止火势向油、气方向蔓延。大面积着火，或火势较猛，应立即报火警。油池着火，勿用水灭火。电器着火,在没切断电源时,只能用二氧化碳、干粉等灭火器灭火。

27. 压力容器泄漏、着火、爆炸的原因及消减措施是什么?

压力容器泄漏、着火、爆炸的原因有:(1)压力容器有裂缝、穿孔。(2)窗口超压。(3)安全附件、工艺附件失灵或与容器结合处渗漏。(4)工艺流程切换失误。(5)容器周围有明火。(6)周围电路有阻值偏大或短路等故障发生。(7)雷击起火。(8)有违章操作(如使用非防爆手电,使用非防爆工劳保服装等)现象。消减措施有:(1)压力容器应有使用登记和检验合格证。(2)加强管理,消除一切火种。(3)按压力容器操作规程进行操作。(4)对压力容器定期进行检查和检验并有检验报告。(5)工艺切换严格执行相关操作规程。(6)严格执行巡回检查制度。(7)做好防雷设施,定期测量接地电阻。(8)杜绝员工违章行为,防爆区域禁止使用非防爆工、器具及用品。

28. 对火灾事故"四不放过"的处理原则是什么?

(1)事故原因分析不清不放过。(2)事故责任者和群众没有受到教育不放过。(3)事故责任者没有受到处罚不放过。(4)防范措施没有落实不放过。

29. 为什么要使用防爆电气设备?

有石油蒸气的场所,电气设备发生短路、碰壳接地、触头分离等情况,会产生电火花,可能引起油蒸气爆炸,因此,在有石油蒸气的场所,必须使用防爆型电气设备。

30. 哪些场所应使用防爆电气设备?

具有易燃易爆气体、蒸气或可燃性粉尘的爆炸危险性作业场所应使用防爆电气设备。在输送、装卸、装罐、倒装易燃液体的作业场所应使用防爆电气设备;在传输、装卸、装罐,倒装可燃气体的作业场所应使用封闭式电气设备。例如，在石油蒸气聚集较多的轻油泵房、轻油罐桶间等场所，所使用的电动机、启动器、开关、漏电保护器、接线盒、插座、按钮、电铃、照明灯具等，都必须是防爆电气设备。

31. 防爆有哪些措施？

在爆炸条件成熟以前，采取下述措施防爆：加强通风，降低形成爆炸混合物的浓度，降低危险等级；合理配备现代化防爆设备；采取科学仪器，从多方面监测爆炸条件的形成和发展，以便及时报警。

32. 高处作业级别如何划分？

高处作业分为三级（作业高度用 h_w 表示）：一级高处作业：$h_w > 30m$；二级高处作业：$5m < h_w \leqslant 30m$；三级高处作业：$2m \leqslant h_w \leqslant 5m$。

33. 登高巡回检查应注意什么？

五级以上大风、雪、雷雨等恶劣天气，禁止登高检查；禁止攀登有积雪、积冰的梯子；2m 以上的登高检查和作业时必须系安全带。

34. 高处坠落的原因是什么？

（1）施工问题：高处作业的安全防护设施因材质强度不够，安装不良，磨损老化，装置失灵等问题导致坠落事故。

（2）人员问题：因现场管理和作业人员安全知识缺乏，在施工活动中违章指挥，违章操作；因施工操作失误，从而导致坠落事故。

（3）环境问题：因夏季高温中暑而晕倒；因突遇大风或冬季霜冻等打滑摔倒；因在照明光线不足的情况下从事夜间悬空作业，从而导致坠落。

35. 高处坠落的消减措施是什么？

做好防腐工作并定期检查；严禁两人同时在一个梯子上

工作，登高2m以上须至少2人操作，1人登高，1人监护，严禁单岗作业；冰雪天气操作前做好防滑措施。

36. 安全带通常使用期限为几年？几年抽检一次？

安全带通常使用期限为3～5年，发现异常应提前报废。一般安全带使用2年后，按批量购入情况应抽检一次。

37. 使用安全带时有哪些注意事项？

安全带应高挂低用，注意防止摆动碰撞，使用3m以上的长绳时应加缓冲器，自锁钩用吊绳例外。缓冲器、速差式装置和自锁钩可以串联使用。不准将绳打结使用，也不准将钩直接挂在安全绳上使用，应挂在连接环上用。安全带上的各种部件不得任意拆卸，更换新绳时应注意加绳套。

38. 哪些原因容易导致发生机械伤害？

工、夹具、刀具不牢固，导致工件飞出伤人；设备缺少安全防护设施；操作现场杂乱，通道不畅通；金属切屑飞溅等。

39. 为防止机械伤害事故，安全要求有哪些？

对机械伤害的防护要做到"转动有罩、转轴头套、区域有栏"，防止衣袖、发辫和手持工具被绞入机器。

40. 机泵容易对人体造成哪些直接伤害？

（1）夹伤：在工作中使用工具不当时会夹伤手指。（2）撞伤：在受到机泵的运动部件的撞击时会造成伤害。（3）接触伤：当人体接触到机泵高温或带电部件时会造成伤害。（4）绞伤：头发、衣物等卷入机泵的转动部件时会造成伤害。

41. 哪些伤害必须就地抢救？

触电、中毒、淹溺、中暑、失血必须就地抢救。

42. 外伤急救步骤是什么？

外伤急救步骤为止血、包扎、固定、送医院。

43. 有害气体中毒的急救措施有哪些？

（1）气体中毒开始时有流泪、眼痛、呛咳、眼部干燥等症状，应引起警惕；稍重时头昏、气促、胸闷、眩晕；严重时会引起惊厥昏迷。（2）怀疑可能存在有害气体时，应立即将人员撤离现场，转移到通风良好处休息，抢救人员进入险区必须佩戴正压式空气呼吸器。（3）已昏迷病员应保持气道通畅，有条件时给予氧气呼入，呼吸、心跳骤停者，按心肺复苏法抢救，并联系急救部门或医院。（4）迅速查明有害气体的名称，供医院及早对症治疗。

44. 烧伤、烫伤急救要点是什么？

（1）迅速熄灭身体上的火焰，减轻烧伤。（2）用冷水冲洗、冷敷或浸泡肢体，降低皮肤温度。（3）用干净纱布或被单覆盖和包裹烧伤创面，切忌在烧伤处涂各种药水和药膏。（4）可给烧伤伤员口服自制烧伤饮料糖盐水，切忌给烧伤伤员喝白开水。（5）搬运烧伤伤员，动作要轻柔、平稳，尽量不要拖拉、滚动，以免加重皮肤损伤。

45. 触电急救有哪些原则？

进行触电急救，应坚持迅速、就地、准确、坚持的原则。

46. 触电急救要点是什么？

（1）迅速切断电源。（2）若无法立即切断电源时，用绝缘物品使触电者脱离电源。（3）保持呼吸道畅通。（4）立即呼叫"120"急救电话，请求救治。（5）如呼吸、心跳停止，应立即进行心肺复苏。（6）妥善处理局部电烧伤的伤口。

47. 如何判定触电伤员的呼吸、心跳情况？

触电伤员如意识丧失，应在10s内，用看、听、试的方法，判定伤员呼吸、心跳情况。看：看伤员的胸部、腹部有无起伏动作；听：用耳贴近伤员的口鼻处，听有无呼气声音；试：试测口鼻有无呼气的气流。再用两手指轻试一侧（左或右）喉结旁凹陷处的颈动脉有无搏动。若看、听、试结果，既无呼吸又无颈动脉搏动，可判定呼吸、心跳停止。

48. 高处坠落急救要点是什么？

（1）坠落在地的伤员，应初步检查伤情，不要搬动摇晃。（2）立即呼叫"120"急救电话，请求救治。（3）采取初步急救措施：止血、包扎、固定。（4）注意固定颈部、胸腰部脊椎，搬运时保持动作一致平稳，避免脊柱弯曲扭动加重伤情。

49. 如何进行口对口（鼻）人工呼吸？

在保持伤员气道通畅的同时，救护人员用放在伤员额上的手的手指捏住伤员鼻翼，救护人员深吸气后，与伤员口对口紧合，在不漏气的情况下，先连续大口吹气两次，每次1～1.5s。如两次吹气后试测颈动脉仍无搏动，可判断心跳已经停止，要立即同时进行胸外按压。除开始时大口吹气两次外，正常口对口（鼻）呼吸的吹气量不需过大，以免引起胃膨胀，吹气和放松时要注意伤员胸部应有起伏的呼吸动作。触电伤员如牙关紧闭，可口对鼻人工呼吸；口对鼻人工呼吸吹气时，要将伤员嘴唇紧闭，防止漏气。

50. 如何对伤员进行胸外按压？

（1）救护人员右手的食指和中指沿触电伤员的右侧肋弓下缘向上，找到肋骨和胸骨接合处的中点。（2）两手指并齐，中指放在切迹中点（剑突底部），食指平放在胸骨下部。（3）另一只手的掌根紧挨食指上缘，置于胸骨上，找准正确按压位置。（4）救护人员的两肩位于伤员胸骨正上方，两臂伸直，肘关节固定不屈，两手掌根相叠，手指翘起，不接触伤员胸壁。（5）以髋关节为支点，利用上身的重力，垂直将正常人胸骨压陷 3～5cm（儿童和瘦弱者酌减）。（6）压至要求程度后，立即全部放松，但放松时救护人员的掌根不得离开胸壁。

51. 心肺复苏法操作频率有什么规定？

（1）胸外按压要以均匀速度进行，每分钟 80 次左右，每次按压和放松的时间相等。（2）胸外按压与口对口（鼻）人工呼吸同时进行，其节奏为：单人抢救时，每按压 15 次后吹气 2 次（15∶2），反复进行；双人抢救时，每按压 5 次后由另一人吹气 1 次（5∶1），反复进行。

52. 保证安全的组织措施有哪些？

保证安全的组织措施有：（1）工作票制度。（2）工作许可制度。（3）工作监护制度。（4）工作间断、转移和终结制度。

53. 保证安全的技术措施有哪些？

保证安全的技术措施有：（1）停电。（2）验电。（3）装设接地线。（4）悬挂标示牌和装设遮拦。

54. 验电多长时间装设接地线？为什么要装设接地线？

当验明设备确无电压后，应立即将检修设备接地并三相短路。这是保护工作人员在工作地点防止突然来电的可靠安全措施，同时设备断开部分的剩余电荷，亦可因接地而放尽。

55.《安规》要求有几种标示牌？各是什么？

共 6 种。这六种标示牌是：①禁止合闸，有人工作！②禁止合闸，线路有人工作！③在此工作！④止步，高压危险！⑤从此上下！⑥禁止攀登，高压危险！

56. 电工常用绝缘安全用具试验周期是如何规定的？

电工常用绝缘安全用具试验周期见表7。

表7 电工常用绝缘安全用具试验周期

名称	试验静拉力（kg）	试验周期	外表检查周期	试验时间（min）	附注
安全带大皮带 安全带小皮带	225 150	每半年一次	每月一次	5	
安全绳	225	每半年一次	每月一次	5	
升降板	225	每半年一次	每月一次	5	
脚扣	100	每半年一次	每月一次	5	
竹（木）梯		每半年一次		5	试验荷重180 kg

序号	名称	电压等级（kV）	试验周期	交流耐压（kV）	时间（min）	泄漏电流（mA）	附注
1	绝缘棒	6～10 35～154 220	每年一次	44 四倍线电压 三倍线电压	5		
2	绝缘挡板	35 20～44	每年一次	30 80	5		
3	绝缘罩	35 20～44	每年一次	80	5		
4	绝缘夹钳	35及以下 110 220	每年一次	三倍线电压 260 400	5		

续表

序号	名称	电压等级（kV）	试验周期	交流耐压（kV）	时间（min）	泄漏电流（mA）	附注
5	验电笔	6～10 20～35	每年一次	40 105	5		发光电压不高于额定电压的25%
6	绝缘手套	高压 低压	每半年一次	9 2.5	1	9 2.5	
7	橡胶绝缘靴	高压	每半年一次	15	1	7.5	
8	核相器电阻管	6 10	每半年一次	6 10	1	1.7～2.4 1.4～1.7	
9	绝缘绳	高压	每半年一次	100kV/0.5m，持续时间5min	5		

57.《电业安全工作规程》中对各类作业人员的教育和培训是如何规定的？

（1）各类作业人员应接受相应的安全生产教育和岗位技能培训，经考试合格后才能上岗。（2）作业人员对本规程应每年考试一次。因故间断电气工作连续三个月以上者，应重新学习本规程,并经考试合格后,方能恢复工作。(3)新参加电气工作的人员、实习人员和临时参加劳动的人员(管理人员、非全日制用工等),应经过安全知识教育后,方可下现场参加指定的工作,并且不准单独工作。

58. 安全规程中规定电气工作人员应具备哪些条件?

(1)经医师鉴定,无妨碍工作的病症(体格检查约两年一次)。(2)具备必要的电气知识,且按其职务和工作性质,熟悉《电业安全工作规程》(电气、线路、热力机械)的有关部分,并经考试合格。(3)学会紧急救护方法,特别是学会触电解救法和人工呼吸法。

59. 什么是现场观察法?

现场观察法是一种通过检视生产作业区域所处地理环境、周边自然条件、场内功能区划分、设施布局、作业环境等来辨识存在危害因素的方法。开展现场观察的人员应具有较全面的安全技术知识和职业安全卫生法规标准知识,对现场观察出的问题要做好记录,规范整理后填写与其相应的危害因素辨识清单。

60. 油气田开发常见危险有害因素包括哪几大类?

(1)人的因素:在生产活动中来自人员自身或人为性质的危险和有害因素。(2)物的因素:机械、设备、设施、材料等方面存在的危险和有害因素。(3)环境因素:生产作业环境中的危险和有害因素。(4)管理因素:管理和管理责任缺失所导致的危险和有害因素。

第三部分 基本技能

 操作技能

1. 使用活动扳手松、紧螺母。

准备工作：

（1）正确穿戴劳动保护用品。

（2）工用具、材料准备：300mm 活动扳手 1 把。

操作程序：

（1）选择与螺母规格相应的扳手，调节活动扳手的蜗轮，使扳口适合螺母规格。

（2）顺时针转动手柄即拧紧，逆时针转动即松开。

（3）使用套筒（管）扳手时应选择相应的手柄。

（4）对反扣的螺母要按（2）中相反方向使用。

（5）小螺母握点向前，大螺母握点向后。

操作安全提示：

（1）使用过程中不能用力过猛，防止滑脱。

（2）临近带电作业要防止触电或短路。

（3）扳手使用时，一律严禁带电操作。

（4）任何时候不得将扳手当手锤使用。

(5) 使用活动扳手时，应随时调节扳口，使扳口紧密地卡住螺母，以免螺母脱角滑脱。

(6) 活动扳手不得反用，也不得加长手柄施力使用。

(7) 扳口粘有油污、油脂，在扳手工作时易滑脱应注意清洁。

2. 使用钢丝钳制作导线连接接头。

准备工作：

(1) 正确穿戴劳动保护用品。

(2) 工用具、材料准备：钢丝钳1把、导线若干。

操作程序：

(1) 拇指与四指握住钳柄，其中小指与另三指卡住另一钳柄，可使钳嘴自由张开、闭合，拇指与四指共同用力时，可使刀口紧闭，剪断导线或固定元件。

(2) 用拇指与四指握住钳柄，可用于连接导线时敲打连接部位，使之整形。

(3) 钳嘴叼住导线可使导线弯成一定形状或固定螺母。

(4) 制作多股镀锌铁丝拉线时，可用钳口轻拧铁丝缠绕。

操作安全提示：

(1) 禁止用绝缘套管损坏的钢丝钳上电操作，且要事先检查钢丝钳钳柄绝缘套管的绝缘耐压值，应不低于500V。

(2) 钳轴处应点少许机油，使之活动自如。

(3) 不得用于紧固镀锌螺母，以免螺母镀层受损而生锈、起刺。

(4) 除连接导线外不得当作锤子使用。

(5) 钳柄不带绝缘套的钢丝钳，禁止在带电的情况下使用。

(6) 禁止同时剪切零、火线或同时剪切两根相线，以防短路。

3. 使用螺钉旋具松、紧螺钉。

准备工作：

(1) 正确穿戴劳动保护用品。

(2) 工用具、材料准备：一字形螺钉旋具1把、十字形螺钉旋具1把。

操作程序：

(1) 选择与螺钉顶槽相同且大小、规格相应的旋具。

(2) 用手握紧旋具手柄，插入螺钉顶槽并与螺钉成一垂线，用力顶住螺钉，顺时针转动手柄即拧紧，逆时针转动即松开。

操作安全提示：

(1) 电工必须使用带有绝缘手柄的旋具。

(2) 紧握手柄和用力顶住螺钉转动手柄，三者一致，同时用力，否则会损坏螺钉。

(3) 握手柄时不得触及旋具的金属部分，要养成良好的握柄习惯，避免带电作业时触电。

(4) 在木制品上固定元件时，应先用锥子在木制品上扎眼，再用旋具拧紧螺钉，除此之外旋具不得他用。

(5) 电工禁止使用穿心螺钉旋具。

(6) 螺钉旋具头部厚度应与螺钉尾槽相配合，禁止用小螺钉旋具旋拧大螺钉。

(7) 十字形螺钉旋具应用于十字形螺钉，禁止不按螺钉尺寸选用螺钉旋具。

(8) 禁止将螺钉旋具当錾子、撬棍使用。

4. 使用游标卡尺测量工件。

准备工作：

（1）正确穿戴劳动保护用品。

（2）工用具、材料准备：游标卡尺1把、被测工件1件。

操作程序：

（1）检查游标卡尺的外观有无损伤，固定螺母有无松动，尺身、游标零线是否对齐。

（2）清理被测物表面，使其洁净。

（3）轻轻推动游标卡住被测物，并使被测物垂直卡尺。

（4）读数并记录测量结果。

操作安全提示：

（1）严禁测量粗糙的被测物表面，以防磨损测量爪。

（2）严禁用于其他操作，如钩切屑、敲打等。

（3）禁止使用有问题的游标卡尺。

（4）读数时要避免视觉误差，要正视，不可旁视。

（5）测量爪卡住被测物时，松紧要适度，读数前要旋紧固定螺钉，禁止游标移动。

（6）禁止游标卡尺与其他工具叠放在一起。

（7）游标卡尺禁止放在火炉边、太阳下、强磁场旁。

5. 使用外径千分尺测量工件。

准备工作：

（1）正确穿戴劳动保护用品。

（2）工用具、材料准备：外径千分尺1把、被测工件1件。

操作程序：

（1）测量前，将被测物表面擦拭干净，检查外径千分尺的误差情况，转动测力装置（棘轮），使两个测量面接合、无间隙，使基准线对准"0"位。

（2）测量时，将被测物垂直外径千分尺卡口。用左手拿尺架的绝热板，右手先转动微分筒接触被测物。

（3）右手轻轻转动测力装置，当测力装置发出打滑的声音时即可读数。

（4）读数并记录测量结果。

操作安全提示：

（1）要多测几点取平均值。

（2）在使用外径千分尺时，应手握隔热装置，禁止直接握住尺架，避免热传导引起的误差。

（3）测量时不要用测量杆的局部端面接触工作面，但允许千分尺轻微移动。

（4）测量头与工件接触时，应考虑工件表面的几何形状。

（5）禁止用千分尺测量毛坯件和运动的工件，以防磨损千分尺工作面。

（6）禁止在千分尺的微分筒和固定套管之间加酒精、柴油和润滑油。

（7）防止脏污浸入千分尺的测微螺杆内。

（8）使用千分尺时，禁止用力过大或撞击，以免千分尺损坏。

（9）禁止将千分尺存放在温度较高、温差较大的场所。

（10）千分尺不能与其他工具混放在一起，要放在专用盒内。

（11）禁止采用一种规格外径千分尺测量各种工件（应根据被测尺寸大小和公差等级）选择适用规格。

6. 使用剥线钳剥削导线绝缘层。

准备工作：

（1）正确穿戴劳动保护用品。

（2）工用具、材料准备：剥线钳1把、导线若干。

操作程序：

（1）根据导线的线径选择相应的钳口，确定剥削导线绝缘层的长度，将导线插入相应的钳口中。

（2）导线与钳口夹角呈45°，轻握手柄，将导线的绝缘层与线芯剥离。

操作安全提示：

（1）使用前应检查剥钳手柄护套有无破损，避免绝缘破损触电。

（2）操作时，禁止损伤导线线芯。

（3）注意手指与钳口距离，避免碰伤手指。

（4）带电操作时，注意安全操作距离，降低发生接地、短路带来的风险。

7. 使用压接钳连接导线。

准备工作：

（1）正确穿戴劳动保护用品。

（2）工用具、材料准备：压接钳1把、连接管若干、导线若干。

操作程序：

（1）清除导线连接部位的污垢，用汽油洗净。

（2）选用与导线规格相应的连接管，然后用汽油洗净，并画好压点位置。

（3）将导线和衬垫插入连接管内，衬垫应置于两线之间，导线各露出管口20mm。

(4) 按导线规格，选择合适的压模装在钳口上，并将连接管放在压模口内启动压钳，按规定的顺序和标定位置压接导线，每压一处后应停留 30s，直到压完。

(5) 清除飞边、毛刺，然后在连接管处涂防锈漆。

操作安全提示：

(1) 压模分铝绞线、钢绞线和钢芯铝绞线三种，规格应与导线对应。

(2) 压好第一模后，应检查凹深，合格后再压，不合格时要锯断重新开始。

(3) 管口部位的导线不得有机械损伤。

(4) 压接完的管口也不得有机械损伤。

(5) 导线与连接管孔径间隙相配。若选配的导线与连接管间隙过小，压接后，连接管发生开裂，导线极易压伤；若间隙过大，则连接管与导线变形甚微，导线易从连接管孔中拉脱。

8. 使用电工刀剖削导线绝缘层。

准备工作：

(1) 正确穿戴劳动保护用品。

(2) 工用具、材料准备：电工刀 1 把、4mm² 绝缘导线若干。

操作程序：

(1) 用电工刀剖削电线绝缘层时，刀以 45°角切入，接着以 25°角用力向线端推削，削去绝缘层。切忌把刀刃垂直对着导线切割绝缘层，因为这样容易割伤电线线芯。

(2) 对双芯护套线外层绝缘的剖削，可以用刀刃对准两芯线的中间部位，把导线一剖为二。

操作安全提示：

（1）电工刀的刀刃部分要磨得锋利才好剥削电线，但不可太锋利，太锋利容易削伤线芯，磨得太钝，则无法剥削绝缘层。

（2）电工刀用完后应折回刀鞘。

（3）不恰当的使用可能导致割伤。

（4）禁止使用电工刀剖削带电导线。

9.使用錾子凿电缆沟、槽。

准备工作：

（1）正确穿戴劳动保护用品。

（2）工用具、材料准备：錾子1把、手锤1把。

操作程序：

（1）在需要凿出电缆沟、槽的墙或地面画出要錾削的位置。

（2）一手握錾，一手握锤，两手配合使用。

（3）在墙体上开凿时，如被凿位置较高，应站在凳子上将凿削位置调整到与头的中部对齐，如较低时可坐下或蹲下，且被凿削位置应与头的中部对齐，如太低时（如300mm的插座孔）则应背对墙体弯腰后，錾部紧贴墙体使被凿位置位于持锤侧，然后低头操作，另手从膝盖前握錾置于被凿处。

（4）开凿时錾子应与工作面垂直，锤子打击錾子端部且应整个锤头面与之撞击，初学者打击速度应慢一点，眼应看錾与墙接触部位，移动錾子的位置时，其距錾应小一点，打击1～5次可移动一下，打击次数按坚硬程度决定，较松软时1～2次，较坚硬时4～5次，凭感觉调整。

操作安全提示：

(1) 使用錾子时应戴护目镜，握錾子的手应戴手套，且不得握得太紧，顶部应露出 20～30mm。

(2) 錾子的顶部飞刺较多时应及时修整，一般可将顶部锯掉 5～10mm。

(3) 随时用錾子本身将錾出物扫出。

(4) 高处作业时，站立位置不当可能导致摔伤，下部不得有人。

(5) 不熟练或使用不当可能导致砸伤。

(6) 开凿墙内隐含带电电线部位的沟、槽、洞可能导致触电。

(7) 连续工作的錾子温度升高，手摸可能烫伤。

10. 使用手锯锯割钢管。

准备工作：

(1) 正确穿戴劳动保护用品。

(2) 工用具、材料准备：钢锯 1 把、台虎钳 1 座、石笔 1 块、2 寸钢管 1 根。

操作程序：

(1) 先将钢管水平紧固在台虎钳或压力钳上，锯割位置置于钳口外 100～150mm，并画线。

(2) 检查锯条，并适当调整锯条松紧。

(3) 一手握锯柄，一手轻扶锯弓前端。

(4) 先轻轻在线上前后拉动锯弓，使锯痕渐深。

(5) 锯柄前推后拉，另一手稍加压力，要有节奏，直到锯完。

操作安全提示：

(1) 握柄、扶锯要轻并检查锯弓和锯条有无不妥。

(2) 锯条的齿的方向应向前,锯条不宜太紧。

(3) 用力不宜过猛,用力过猛可能导致挫伤。

(4) 锯条的行程越长越好。

(5) 当锯条被卡住时,不得用力拉动手柄,应放缓动作,以免锯条拉断伤人,两人操作时要配合默契。

(6) 连续工作的钢锯温度升高,手摸可能烫伤。

(7) 钢锯折断及锯屑可能导致眼睛或脸部受伤。

(8) 速度不宜太快,压力不宜太大,要有防止锯掉部分砸脚的措施。

11. 使用水平尺测量安装器件水平情况。

准备工作:

(1) 正确穿戴劳动保护用品。

(2) 工用具、材料准备:水平尺1把。

操作程序:

(1) 清理被测物的表面,使其洁净平整。

(2) 将水平尺纵向置于被测物上,观察气泡是否居中。

(3) 将水平尺横向置于被测物上,观察气泡是否居中。

(4) 气泡偏斜方为高处,另一侧为低处。

操作安全提示:

(1) 检查水平尺有无破损,玻璃泡有无破裂或不妥,底面是否平整无毛刺,毛刺可能导致手部割伤。

(2) 高处使用放置不稳固可能导致脚部砸伤。

12. 使用安全带作业。

准备工作:

(1) 正确穿戴劳动保护用品。

(2) 工用具、材料准备:安全带1副。

操作程序：

(1) 使用前应检查组件完整、无短缺、无伤残破损。

(2) 安全带的腰带应绑扎在身体臀部偏上的位置，并且穿上防脱环。

(3) 安全带的安全绳应系在牢固的物体上，禁止系挂在移动或不牢固的物件上。不得系在棱角锋利处，卡环套上后要关闭保险环。

(4) 安全带的安全绳要高挂和平行拴挂，严禁低挂高用。

(5) 在杆塔上工作时，应将安全带后备保护绳系在安全牢固的构件上（带电作业视其具体任务决定是否系后备安全绳），不得失去后备保护。

操作安全提示：

(1) 根据体重选择合适安全带（如安全带说明书明确规定承受最大体重为100kg，有些员工体重超过此数值，安全带无法起到有效保护作用），安全带使用期一般为3～5年，发现异常应提前报废。

(2) 安全带的腰带和保险带、绳应有足够的机械强度，材质应有耐磨性，卡环（钩）应具有保险装置。保险带、绳使用长度在3m以上的应加缓冲器。

(3) 日常工作中应检查绳索、编带无脆裂、断股或扭结。

(4) 检查金属配件无裂纹、焊接无缺陷、无严重锈蚀。

(5) 检查挂钩的钩舌咬口平整不错位，保险装置完整可靠。

(6) 检查铆钉无明显偏位，表面平整。

(7) 安全带本身存在严重缺陷时，使用可能导致作业人员高空坠落。

(8) 高空作业安全带的不正确使用也可能导致作业人员高空坠落或意外伤害。

13. 使用脚扣登杆。

准备工作：

(1) 正确穿戴劳动保护用品。

(2) 工用具、材料准备：脚扣子1副、安全带1副。

操作程序：

(1) 选择与杆径相应规格的脚扣，并检查杆基及脚扣无裂痕。

(2) 系好安全带，安全带应系于臀部略上一点，不宜系于腰部。

(3) 将左脚扣套于杆根部，右脚套入右脚扣，当左脚插入左脚扣时用力一蹬且双手抱杆，即登上一步。

(4) 左腿蹬直，右腿弯曲向上用脚扣套入杆体用力一蹬，同时左腿带动左脚扣离开杆体随同向上弯，双手抱杆上移又登上一步，左脚再次套入杆体重复上述动作即可登到作业处，且两脚扣同时卡住杆体。

(5) 右手松开杆体，左手紧抱杆体，右手持安全带腰绳抱杆，抱杆后交于左手，左手松开杆体从左侧挂于安全带左侧环内。

(6) 两脚扣调整于杆体相近位置，两腿伸直，臀部后移，直至腰绳受力伸直，双手松开杆体即可作业。

操作安全提示：

(1) 使用脚扣必须与安全带配合使用，任何时候不得抛掷脚扣，以免变形。

(2) 登杆时臀部应尽力离开杆体，一腿蹬直，一腿弯曲上套入杆体要协调一致，双手分别随脚扣上移而上移。

（3）要调整好腰绳的长度，应与操作者身高、体重相应，腰绳在杆体上的位置必须高于臀部安全带位置。

（4）仔细对脚扣进行检查，应使用在校验期限内的脚扣。脚扣不应变形，焊接处无开焊，以防登杆时发生折断。

（5）检查脚扣上的胶皮层无老化、平滑、脱落、断裂、离股现象，脚扣带无豁裂、严重磨损或断裂。

（6）脚扣胶皮磨损过量、电杆表面湿滑、有冰霜会导致高空坠落。

（7）脚扣金属杆或部件折断会导致高空坠落。

（8）脚扣带磨损过量或磨断会导致高空坠落。

（9）脚扣按规定每半年进行一次静拉力试验，拉力不小于100kg。

14. 使用钢锉锉削工件。

准备工作：

（1）正确穿戴劳动保护用品。

（2）工用具、材料准备：平板锉1把、半圆锉1把、台虎钳1座、工件1件。

操作程序：

（1）先将工件紧固在台虎钳上，较大工件可不必紧固。

（2）选择与工件相应的钢锉，直线选平板锉，弧线选半圆锉。

（3）一手握柄，一手轻扶锉头，锉削时应稍加压力。

（4）将锉置于被锉削面，身体前倾，两脚分开一前一后，用力均匀推动手柄，一手稍加压力，直到将棱角锉平。

操作安全提示：

不恰当用力及姿势可能导致挫伤或划伤。

15. 使用手电钻给工件钻孔。

准备工作：

(1) 正确穿戴劳动保护用品。

(2) 工用具、材料准备：手电钻1把、点冲1个、手锤1把、工件1件、钻头1根。

操作程序：

(1) 先用点冲在工件上开孔位置点一小坑。

(2) 选择相应的钻头安装在手电钻夹具上并夹紧。

(3) 插上手电钻电源插头，先空试一下，然后正式开钻。

(4) 将钻头垂直于工件面且置于小坑上，手握钻柄稍加压力后开动电源，渐渐加力直到钻透。

(5) 钻透后不要关掉电源，应慢慢退回，当钻头走出工件外再关掉电源。

操作安全提示：

(1) 使用手电钻必须遵守安全用电规程。

(2) 使用手电钻必须与钻头配合使用。

(3) 根据工件的厚度施加压力。

(4) 不得提拉电源线移动电钻。

(5) 当钻不透物体时应检查钻头，不得勉强用力。

(6) 用力不当或把握不牢会导致手部扭伤。

(7) 钻进时用力过猛、过大会导致设备损坏。

(8) 电钻受潮、雨淋会导致电钻漏电、使用人员触电。

16. 使用电烙铁焊接电子元件。

准备工作：

(1) 正确穿戴劳动保护用品。

(2) 工用具、材料准备：电烙铁1把、松香若干、焊锡若干、电子元件若干。

操作程序：

（1）根据电子元件引脚粗细选择不同规格的电烙铁，插上电源使电烙铁预热 5～10min。

（2）用砂纸、钢锉将电子元件焊接位置打磨干净除掉污物、油污并露出金属光泽，然后涂上焊剂。

（3）待电烙铁头温度达到 200℃左右时，先用电烙铁头在松香盒内擦拭，然后用焊锡在烙铁头上涂抹，使电烙铁头挂上焊锡，上述操作不得关掉电源。

（4）在电子元件的引脚处涂抹助焊剂，用电烙铁头对引脚进行预热，然后添加焊锡丝、缓慢移动电烙铁，对电子元件引脚进行镀锡或焊接。

（5）焊接电子元件时，将被焊件固定好，左手拿焊锡丝、右手握电烙铁，将电烙铁头和焊锡丝靠近焊件，当焊锡融化、流动覆盖整个焊点后，以 45°角方向移开电烙铁头，以保持焊点圆滑，焊接完毕关闭电源。

操作安全提示：

（1）镀锡和锡焊仅适用于铜、铁件。

（2）烙铁应轻拿轻放，不得敲击。

（3）烙铁头应经常在破布上擦拭，必要时应用砂布清污物，否则会影响使用。

（4）焊接过程中停顿时应将烙铁放在不便传热的支架上，以免烫坏其他物体。

（5）操作时不要乱甩，避免锡珠飞溅伤及他物或人。

（6）手握位置不当或操作不当可能会导致烫伤。

（7）内部接线不固定且长期使用会导致接线疲劳断裂而发生短路。

（8）误焊接带电线路可能会导致触电或短路。

17. 使用喷灯作业。

操作工作：

（1）正确穿戴劳动保护用品。

（2）工用具、材料准备：喷灯 1 台、喷灯专用油若干、引火用的棉丝若干。

操作程序：

（1）检查喷灯外观无损坏或渗漏，并加油到 2/3，拧紧加油孔螺栓。

（2）在预热盘中倒少量油并用棉纱蘸油后置于盘中点火预热 3min。

（3）打气 5 次左右，松开放油调节阀喷油雾即可点火，再次打气，目测火焰到正常。

（4）加热操作，如使用中火焰渐弱则再次打气。

（5）用完后先关紧放油调节阀，火熄灭后待温度降低至常温再松开加油孔螺栓放气，放气完毕需拧紧螺栓防止漏油。

（6）将外部油污擦净，以备再次使用。

操作安全提示：

（1）任何时候喷灯均不得漏油。

（2）必须按原说明加原来的油，不得混装。

（3）使用中油位不得低于 1/4，使用中加油必须先松开加油孔螺栓放气，排空后再加油。

（4）打气不可使压力太高，有小压力表的指针不得越过红线，小压力表应定期校验。

（5）加油及油料保管时不得有明火。

（6）使用喷灯，必要时应备灭火器。

(7) 使用不当可能导致火灾、烫伤或爆炸。

(8) 临近带电设备作业可能导致意外触电。

18. 使用低压验电器验电。

准备工作：

(1) 正确穿戴劳动保护用品。

(2) 工用具、材料准备：氖管式低压验电器1支。

操作过程：

(1) 验电器使用前的检查。首先检查验电器外观，外观应无损坏；然后在确保有电压处测试，证明验电器良好方可使用。

(2) 验电笔的使用。使用低压验电笔进行验电操作时，用拇指和中指捏住验电笔身、食指触及笔身尾端的金属部分、使氖管小窗背光朝向自己、用验电笔前端的金属笔尖逐渐接近、触及带电体验电，观察验电指示灯（氖管）是否发光，确认是否有电。

操作安全提示：

(1) 注意验电笔的电压等级，禁止使用低压验电笔在500V以上电压处验电。

(2) 使用低压验电笔握法要正确，禁止用手部触及笔尖的金属部分，避免触电。

(3) 低压验电笔笔身受潮、进水、外壳损坏时，禁止使用。

(4) 使用低压验电笔进行验电操作时，应注意验电笔尖与其他部位的安全距离，避免发生短路。

19. 使用6（10）kV高压验电器验电。

准备工作：

(1) 正确穿戴劳动保护用品。

(2) 工用具、材料准备：6(10)kV 三相交流电源 1 处，6(10)kV 高压验电器 1 支，绝缘手套 1 副，绝缘靴 1 双，安全帽 1 顶。

操作过程：

(1) 验电前的检查。检查绝缘靴、绝缘手套有无破损、漏气及污物，检查绝缘拉杆及安全帽外观是否完好，检查验电器耐压是否与验电电压相符、安全用具是否在检验有效期。按下高压验电器自检开关，验电器发出声光报警，验证验电器自检正常方可使用。

(2) 先将验电器在有电部位上验电，验明验电器性能良好方可使用。

(3) 操作人员必须穿戴齐全安全护具。验电操作时，手握部位不得超过验电器手柄的护环以免发生触电事故，用单手或双手握验电器的握柄，将验电器前端的金属部位逐渐接近被测点，验电时，应在检修设备进出线两侧、各相分别验电，根据验电器声光报警，判断停电检修设备有无电压。

操作安全提示：

(1) 高压验电必须使用电压等级合适并且合格的验电器。

(2) 使用高压验电器验电时必须有专人监护。

(3) 高压验电时，必须拉伸所有绝缘操作杆，将其拉足并定位。

(4) 为保证人身和设备安全，确保验电器的完好性，验电完毕应将验电器放在盒内，存放在通风干燥的场所。

(5) 室外有雨、雪、雾等湿度较高的情况下，禁止使用验电器检测高压线路是否有电，以免发生危险。

(6) 验电时人体与物体之间要有足够的安全距离，一般10kV及以下线路的安全距离应大于0.7m。

20. 使用绝缘拉杆操作。

准备工作：

(1) 正确穿戴劳动保护用品。

(2) 工用具、材料准备：绝缘拉杆1套、绝缘手套1副、绝缘靴1双、安全帽1顶。

操作程序：

(1) 使用前，必须对绝缘拉杆、绝缘手套、绝缘靴进行外观检查，不能有裂纹、划痕等外部损伤，检验合格证是否在有效期内。

(2) 将绝缘拉杆旋接至合适的长度，拧紧，并用干布清洁绝缘拉杆表面。

(3) 佩戴绝缘手套，穿绝缘靴。

(4) 操作时，手握部分应限制在允许范围内，不得超出绝缘拉杆的防护罩或防护环。

操作安全提示：

(1) 每年要对绝缘拉杆进行一次交流耐压试验，不合格的要立即报废，不可降低其标准使用。

(2) 必须适用于操作设备的电压等级，且核对无误后才能使用。

(3) 雨雪天气或绝缘拉杆受潮、进水可能会导致触电，必须在室外进行操作的，要使用带防雨雪罩的特殊绝缘拉杆。

(4) 在连接绝缘拉杆时，要离开地面，相邻两节绝缘拉杆的螺纹要拧紧，不可将杆体置于地面上进行连接，以防杂物进入杆体螺纹或粘缚在杆体的外表。

(5) 使用时要尽量减少对杆体的弯曲力，以防损坏杆体。

(6) 使用后要及时将杆体表面的污迹擦拭干净，并把螺纹拧开后分节装入一个专用的工具袋内。

(7) 绝缘拉杆要有专人保管，存放在屋内通风良好、清洁干燥的支架上或悬挂起来，尽量不要靠近墙壁，以防受潮降低其绝缘性能。

(8) 使用不合格的绝缘拉杆或操作不当可能会导致触电或机械伤害。

(9) 设备绝缘距离较短或空间较小时，使用绝缘拉杆操作可能会导致短路。

21. 检查、使用绝缘手套。

准备工作：

(1) 正确穿戴劳动保护用品。

(2) 工用具、材料准备：绝缘手套1副。

操作程序：

(1) 使用前检查绝缘手套是否清洁，是否在检验合格期内。

(2) 将手套从口部向上卷，稍用力将空气压至手掌及指头部分，检查上述部位有无漏气，如有则不能使用。

(3) 检查合格后即可戴绝缘手套进行操作，使用时注意防止尖锐物体刺破绝缘手套。

操作安全提示：

(1) 使用经检验合格的绝缘手套（每半年检验一次）。

(2) 使用后注意存放在干燥处，并不得接触油类及腐蚀性药品等。

(3) 低压绝缘手套作为基本安全用具，可直接接触低压带电体；而高压绝缘手套只能作为辅助安全用具，不能直接接触高压带电体。

(4) 绝缘手套使用后应存放在密闭的橱柜内，并与其他工具、仪表分别存放。

(5) 使用不合格的绝缘手套可能导致触电。

(6) 使用受潮、沾水的绝缘手套可能导致触电。

22. 检查、使用绝缘靴。

准备工作：

(1) 正确穿戴劳动保护用品。

(2) 工用具、材料准备：绝缘靴1双。

操作程序：

(1) 使用前检查绝缘靴是否清洁，是否在检验合格期内。

(2) 将绝缘靴从口部向下卷，稍用力将空气压至靴底检查有无漏气，如有则不能使用。

(3) 检查合格即可穿上绝缘靴进行操作，使用时注意防止尖锐物体刺破绝缘靴。

操作安全提示：

(1) 绝缘靴在高压系统中只能作为辅助安全用具，不能直接接触高压带电体。

(2) 绝缘靴应放在橱柜内，不准代替雨鞋使用，只限于在操作现场使用。

(3) 绝缘靴试验周期为六个月。

(4) 使用不合格的绝缘靴可能导致触电。

(5) 使用受潮、沾水的绝缘靴可能导致触电。

23. 安装接地线。

准备工作：

(1) 正确穿戴劳动保护用品。

(2) 工用具、材料准备：安全帽1顶、验电器1只、接地线1套、绝缘手套1副。

操作程序：

（1）检查接地线是否破损，连接是否牢固，铜线、绝缘杆及安装地点是否符合要求。

（2）安装接地端且连接牢固，临时接地棒的位置及长度、安装深度需符合要求。

（3）戴上绝缘手套。

（4）登高或选取适当的地方站立，保证在操作时接地线尽量远离身体。

（5）手拿绝缘杆，将导体端逐渐接近离身体最近的导线并多次轻触导线，如无放电现象，将接地线的一个线夹夹在离身体最近的导线上。

（6）按照步骤（5）的方法在另外两相导线上挂接地线。

（7）拆除接地线时，必须按程序先拆远端，后拆近端，先拆导体端，后拆接地端。

操作安全提示：

（1）装设接地线前，要办理操作票，核对停电、检修设备、线路的名称、编号及位置等是否正确，需对停电、检修线路进行验电。

（2）核实接地线的绝缘杆的电压等级是否合乎标准，绝缘杆是否无裂缝或孔洞。

（3）临时接地线应使用多股软裸铜线，裸铜线无散花、无死扣，截面不小于$25mm^2$（导线外有塑料绝缘层的应视为裸线）。

（4）铜线与接地棒的连接、接地线卡子或线夹与软铜线的连接应牢固，无松动现象。

（5）安装接地线的过程中如有放电现象，应检查接地线安装地点是否正确，或确认线路是否停电。

（6）装设接地线的过程中操作不当可能导致作业人员触电。

（7）接地线破损、不合格或装设不当可能导致作业人员触电。

（8）需要装设接地线的地方未装设接地线可能导致作业人员触电。

（9）不需装设接地线的地方装设接地线可能导致短路及作业人员触电。

24. 使用指针式万用表测量电阻。

准备工作：

（1）正确穿戴劳动保护用品。

（2）工用具、材料准备：MF500型指针式万用表1块，1Ω～100kΩ电阻或滑动变阻1只，一字形螺钉旋具1把。

操作过程：

（1）检查万用表。

将万用表水平放置、插入红黑表笔，检查表内电池电压。将挡位转换开关置于电阻挡，倍率开关置于R×1k挡，短接两表笔若欧姆调零不能调到零位则说明1.5V电池电压不足，需更换电池；将倍率开关置于R×10k挡测量9V电池电压。

测量电阻。

① 进行机械调零。

② 选择合适的倍率挡位。

③ 进行欧姆调零：将红黑表笔短接，同时转动欧姆调零旋钮，使指针指到电阻标度尺的"0"刻度上。每更换一

次倍率挡都应先进行欧姆调零,再进行测量。

④ 表笔接入被测电阻,待指针稳定后读出电阻数值,实际电阻值等于指示数乘以倍率。

⑤ 测量完毕,应将转换开关转到交流电压最大挡或空挡。

操作安全提示:

(1) 不能带电测量电阻,以防损坏万用表。被测电路不能有并联支路,以免影响精度。

(2) 每转换一次量程,都要进行一次欧姆调零。

(3) 测量电阻选择的倍率要合适,读数时应使仪表指针指在标尺的 1/2 ~ 2/3 处。如果不知道被测值大小,应先选择 R×100 挡。

(4) 测量电阻时,若指针指向零位或接近零,说明挡位选择过大;若指针指向无穷大或接近无穷大,说明挡位选择过小。

(5) 测量低值电阻时,注意表笔与被测物接触良好;测量高值电阻时,手不要接触表笔和被测物的引线。

25. 使用指针式万用表测量交流电压。

准备工作:

(1) 正确穿戴劳动保护用品。

(2) 工用具、材料准备:指针式万用表 1 块、线手套一副。

操作程序:

(1) 检查表笔绝缘是否良好,表笔与万用表连接是否正确。将万用表水平放置,检查指针是否在刻度盘的零位,若不在零位,用一字旋具调整万用表的机械调零电位器旋钮使指针指在零位。

(2) 将旋转开关先拨到交流电压"～V"挡位，然后选择适当的量程。

(3) 选择适当量程，将万用表两个表笔分别接触零线（N）与相线（L），与被测电路并联测量。

(4) 如不在此范围可拔下表笔换挡后重新测量。

(5) 按指针停留位置读取读数。

(6) 测量完毕，收拾测量场地，将万用表挡位置于交流电压最高档。

操作安全提示：

(1) 手握表笔的金属杆或表笔绝缘破损会导致触电。

(2) 万用表挡位不正确可能导致触电或短路。

(3) 不规范的操作可能导致扎伤。

(4) 测量交流电压时黑红表笔可以任意接，不分正负。

(5) 若不知被测电压的大约值，应先用最高挡位测出大约值后再选择合适的量程测量。

26. 使用指针式万用表判断二极管极性与性能。

准备工作：

(1) 正确穿戴劳动保护用品。

(2) 工用具、材料准备：指针式万用表1块，二极管1只。

操作程序：

(1) 检查表笔绝缘是否良好，表笔插接是否正确。

(2) 将万用表挡位置于R×100，并进行表笔短接调零。

(3) 分别将万用表的红、黑表笔与二极管的两端金属脚相接触（注意勿用手指接触金属脚或表笔金属尖）。

(4) 若测得电阻值为几十到1kΩ说明是正向电阻，这时黑表笔接的就是二极管的正极，红表笔接的就是二极管的负极。若测出的电阻值在几十千欧至无穷大,即为反向电阻,此时红表笔接的是二极管的正极,黑表笔接的是二极管的负极。若正反向电阻差距不大或都为无穷大,说明二极管损坏。

(5) 测量完毕,收拾工作台,将万用表挡位至于交流电压最高挡。

操作安全提示:

(1) 万用表的红表笔接表内电池负极,黑表笔接表内电池正极。

(2) 二极管是单向导通的元件,正向阻值与反向阻值相差越大越好。

(3) 不规范的操作可能导致扎伤。

27. 使用指针式万用表判断小型三相异步电动机的同步转速。

准备工作:

(1) 正确穿戴劳动保护用品。

(2) 工用具、材料准备:指针式万用表1块、常用电工工具1套、小型三相异步电动机1台(停运)。

操作程序:

(1) 将指针式万用表挡位置于欧姆挡 R×10 挡并调零。

(2) 拆开电动机接线盒,将电源线解开,将绕组的六根接线头解开。

(3) 用万用表表笔分别搭接这六根线头中的几根,根据通断找出同一绕组的两根线头并做标记。

(4) 将万用表挡位拨置直流电流挡,将量程挡置于"5mA"挡。

(5) 把万用表的表笔分开,分别搭接在做好标记的两根线头上。

（6）将电动机转子缓慢转动一周，观察并记录万用表指针左右摆动次数。

（7）指针的摆动次数就是磁极对数 P，然后根据公式计算电动机同步转速为：$n=3000/p$。

（8）测量完毕，恢复电动机短接片及接线盒，收拾场地，将万用表挡位置于交流电压最高挡。

操作安全提示：

（1）如被测电动机为运行电动机，应先将电源断开，在开关操作把手上悬挂"禁止合闸，有人工作！"牌。

（2）将电动机接线头复原时，要按原来的接线方式接线。

（3）不规范的操作可能导致扎伤。

（4）工具使用方法不当可能导致挫伤、划伤。

28. 使用兆欧表测量电动机绝缘电阻。

准备工作：

（1）正确穿戴劳动保护用品。

（2）工用具、材料准备：7.5kW 以下三相异步电动机 1 台，兆欧表（500V）1 块，BV-5/2.5mm² 放电导线 1m，一字形螺钉旋具、十字形螺钉旋具、扳手各 1 把，笔 1 支。

操作过程：

（1）拆开电动机接线盒中的连接片。

（2）选表及接线前的检查。

① 根据电动机的电压等级选择兆欧表。

② 对兆欧表做开路及短路试验。兆欧表接线时，L 端接红色导线，E 端接黑色导线；做开路试验时，先将 L 端、E 端开路，然后缓慢摇动手柄，指针向"∞"方向偏移，再

将转速调到120r/min，指针应指向"∞"；做短路试验时，先将L端、E端短接，轻带手柄，指针指向"0"，说明兆欧表良好，可以使用。

（3）测量与记录。

① 接线：测量绕组相对地绝缘电阻（U—地，V—地，W—地）时，L端接被测导体，E端接地；测量相间绝缘电阻（U—V，V—W，W—U）时，L端接其中一相，E端接另一相。

② 摇测：测量时必须戴线手套，先缓慢摇动手柄，指针向"∞"方向偏移，再将转速调到120r/min，待指针稳定后读数。

③ 拆线：测量完毕，先慢速摇动手柄，然后拆除测量导线，最后停止摇动手柄。

④ 放电：每次测量完毕，都要使用放电导线对地放电。

⑤ 记录：记录每次的测量结果，绝缘电阻的单位是兆欧（MΩ）。

（4）分析结果。

测量完毕，根据测量读数判断电动机绝缘情况，绝缘电阻值不应低于0.5MΩ。测量三相异步电动机绕组相对地绝缘电阻时，如指针指向零位，说明该设备有接地故障。测量三相异步电动机绕组相间绝缘电阻时，如指针指向零位，说明该设备有相间短路故障。

操作安全提示：

（1）测量过程中如果指针指向零位，应立即停止摇动，以防损坏仪表，并对设备进行检查。

（2）测量电动机绝缘电阻前必须将电动机停电。禁止在雷电时或在邻近有高压导体的设备处使用兆欧表进行测量，只有在设备不带电又不可能受其他电源感应而带电时，才能进行测量。

（3）测量时必须戴线手套。

（4）手摇兆欧表时，严禁手碰触裸露的导体。

（5）测量电容性电气设备的绝缘电阻时，测量前后均应进行放电。

29. 使用兆欧表测量电缆绝缘电阻。

准备工作：

（1）正确穿戴劳动保护用品。

（2）工用具、材料准备：兆欧表（500V）1块、常用电工工具1套、连接线（短接线）若干、非运行电缆一条。

操作程序：

（1）将兆欧表放置平稳，检查连接线（短接线）无绝缘破损。

（2）检验兆欧表：将兆欧表的两表线分开，摇动兆欧表的摇柄，观察若兆欧表指针指在"∞"的位置，说明表开路检验良好；再缓慢摇动兆欧表，将两表线金属头轻碰一下，观察若兆欧表指针快速回到"0"位置，说明兆欧表短路校验良好。

（3）将兆欧表的"L"端用连接线接被测电缆的四芯中的任一芯上，"E"端接到电缆的钢铠上。

（4）摇动兆欧表手柄，转数达到120r/min，坚持转动1min，读数并记录测量结果。

（5）继续摇动兆欧表手柄，摘下"L"端与电缆芯线的连接线后，停止摇动兆欧表手柄。

（6）用短接线把刚测量的线芯、钢铠对地放电。

（7）重复步骤（3）～（6），测量其他线芯对地绝缘数据，共4项线芯对地绝缘数据。

（8）将兆欧表的"L"端接被测电缆的四芯中的一芯上，"E"端接被测电缆的另一线芯。

（9）重复步骤（4）～（6），测量芯线之间绝缘数据。

（10）倒换其他线芯，重复步骤（4）～（6），测量其他芯线之间绝缘数据，共获得6项线芯之间的绝缘数据。

（11）测量完毕，收拾测量场地。

操作安全提示：

（1）测量运行中的电缆，必须先切断电源，电缆对地放电，并拆除直接连接在电缆上的设备。直接接触运行中的电缆会导致触电或短路。

（2）兆欧表与被测设备之间连接导线不能用双股绝缘线或绞线，只能用两根单股线连接，以免线间电阻引起误差。

（3）测量电缆的绝缘电阻时，应记下测量时的温度、湿度、被测设备的状况等，便于正确分析测量结果。

（4）兆欧表的量程为几千兆欧，最小刻度在1MΩ左右，因而不适合测量100kΩ以下的电阻。

（5）电缆绝缘电阻参考值为1MΩ，潮湿地区的电缆绝缘电阻不小于0.5MΩ，但运行中的电缆绝缘标准应适当降低。

（6）兆欧表使用不当可能导致触电或仪表损坏。

30. 使用QJ23单臂直流电桥测量小型电动机绕组直流电阻。

准备工作：

（1）正确穿戴劳动保护用品。

（2）工用具、材料准备：QJ23单臂直流电桥1块、连接线若干、小型交流异步电动机1台、常用电工工具1套。

操作程序：

（1）断开电动机电源开关，开关的操作把手上挂"禁止合闸，有人工作！"牌。

（2）拆开电动机接线盒，拆除电源线及连接片，清洁接线端子。

（3）将电桥放置于平整位置，检查检流计联片是否在外接的位置并短接好，调整QJ23单臂直流电桥指零仪指针指零位。

（4）将电动机同一绕组的两个接线端子分别连接到电桥电阻测试的两个接线端钮。

（5）根据设备估算电阻值，调节量程倍度变换器，选择适当的量程倍率。

（6）按下电源按钮B，随后按检流计按钮G，观察指零仪偏转方向，如果指针指向"+"方向偏转，表示测示电阻值大于估算值，即增加测量盘示值，使指零仪趋向于零位；如果指零仪仍偏向于"+"边，则可增加量程倍率，再调节测量盘使指零仪趋向于零位；若指针向"-"方向偏转，表示测试电阻小于估算值，即减小测量盘示值，使指零仪趋向于零位。

（7）当指零仪指零位时，电桥平衡。

（8）断开G和B按键，重复步骤（4）～（8），测量其他两绕组直流电阻，不平衡度应小于±2%。

（9）拆除测量线，原样恢复连接片和电源线，装上接线盒盖，恢复现场。

操作安全提示：

（1）仪器初次使用或相隔一定时期再使用时，应将各旋钮开头盘转动数次，磨掉触点氧化层。

（2）仪器若在长期使用中，发现灵敏度不能满足要求时，应考虑更换电池。

（3）在测量感抗负载的电阻（如电动机、变压器等）时，必须先接电源按钮，然后按检流计按钮，断开时，先放开检流计按钮，再放开电源按钮。

（4）电桥使用方法不正确可能导致电桥损坏。

（5）误测或直接测量运行电动机可能导致触电或短路。

31. 使用 QJ44 双臂直流电桥测量电动机绕组直流电阻。

准备工作：

（1）正确穿戴劳动保护用品。

（2）工用具、材料准备：QJ44 双臂直流电桥 1 块、连接线若干、电动机 1 台、常用电工工具 1 套。

操作程序：

（1）断开电动机电源开关，开关的操作把手上挂"禁止合闸，有人工作！"牌。

（2）拆开电动机接线盒，拆除电源线及连接片，清洁接线端子。

（3）将电桥放置于平整位置，接通电桥电源开关"B_1"，待放大器稳定后检查检流计指针是否指零位，如不在零位，调节调零旋钮，使检流计指针指示零位。

（4）逆时针旋动灵敏度旋钮，应放在最低位置。

（5）将电动机同一绕组的两个接线端子，按四端连接法，接在电桥相应的 C_1、P_1、P_2、C_2 的接线柱上，如图 12 所示，AB 之间为将电动机同一绕组的两个接线端子。

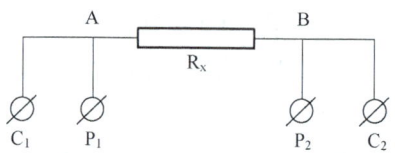

图 12　电动机接线示意图

（6）估计被测电阻值大小，将倍率开关和电阻读数步进开关放置在适当位置。

（7）先按下电池按钮"B"，对被测电阻 Rx 进行充电，待一定时间后，估计充电电流逐渐趋于稳定，再按下检流计按钮"G"，根据检流计指针偏转的方向，逐渐增加或减小步进读数开关的电阻数值，使检流计指针指向"0"位，并逐渐调节灵敏度旋钮，使灵敏度达到最大，同时调节电阻滑线盘，使检流计指针指零。

（8）在灵敏度达到最大，检流计指针指示"0"位，稳定不变的情况下，读取步进开关和滑线盘两个电子读数并相加，再乘上倍率开关的倍率读数，即为被测电阻阻值。

（9）先断开检流计按钮"G"，再断开电池按钮开关"B"，最后拉开电桥电源开关"B_1"。

（10）重复步骤（4）～（9），测量其他两绕组直流电阻，不平衡度应小于 ±2%。

（11）拆除测量线，原样恢复连接片和电源线，装上接线盒盖，恢复现场。

操作安全提示：

（1）在改变灵敏度时，会引起检流计指针偏离"0"位，在测量之前，随时都可以调节检流计"0"位。

（2）若移动滑线盘 4 小格，检流计指针偏离"0"位约 1 格，灵敏度就能满足测量要求。

(3) 为了测量准确，采用双臂电桥测试小电阻时，所使用的四根连接引线一般采用较粗、较短的多股软铜绝缘线，其阻值一般不大于 0.01Ω。如果导线太细、太长，电阻太大，则导线上会存在电压降，而电桥测试时使用的电池电压不高，如果引线上存在的压降过大，会影响测试时的灵敏度，影响测试结果的准确性。

(4) 电流接线端子 C_1、C_2 的引线应接在被测绕组的外侧，而电位接线端子 P_1、P_2 的引线应接在被测绕组的内侧，可以避免将 C_1、C_2 的引线与被测绕组连接处的接触电阻测量在内。

(5) 电桥使用方法不正确可能导致电桥损坏。

(6) 误测或直接测量运行电动机可能导致触电或短路。

32. 使用钳形电流表测量交流电流。

准备工作：

(1) 正确穿戴劳动保护用品。

(2) 工用具、材料准备：钳形电流表 1 块，常用电工工具 1 套。

操作程序：

(1) 检查钳形电流表有无损伤、损坏，测量点是否满足操作时的安全要求。

(2) 估计被测电流大小，选择适当的量程，如无法估测电流大小可将钳形电流表拨到最大电流挡。

(3) 用戴线手套的手张开钳口，卡住被测导线，并注意与带电体保持距离。

(4) 将被测导线置于钳口的中央，观察指针是否超过中间刻度线，如指针偏转太小或超出量程，需张开钳口摘下钳形电流表换挡重新测量，绝对不能直接换挡。

(5) 记录测量数据。

(6) 测量完毕，恢复设备原有状态，钳形电流表量程拨至最大挡，以防下次使用时损坏钳形电流表。

操作安全提示：

(1) 人体各部位均应与带电体保持足够的安全距离。

(2) 绝缘不良或裸线情况下，严禁使用钳形电流表。

(3) 不允许钳形电流表超量程使用，禁止使用普通钳形电流表测量高压线路或电缆的电流。

(4) 钳形电流表一般量程较大，在测量5A以下电流时，为获得准确读数，可将被测载流导线在钳口的铁芯上绕几匝后再测量，但实际测量值应为表头读数除以所绕匝数。

(5) 防护措施不到位、操作不规范可能导致触电。

(6) 临近带电设备作业可能导致触电。

33. 使用验电笔区分交流电和直流电。

准备工作：

(1) 正确穿戴劳动保护用品。

(2) 工用具、材料准备：验电笔1支。

操作程序：

(1) 检查验电笔是否损坏、受潮、进水，禁止不经验证就直接使用。

(2) 人站在地上，右手握笔，笔尖向左前方向，手指接触验电笔尾端的金属部分，另一手触摸墙体或与地相连接的金属构件。

(3) 将验电笔笔尖金属接触被测电源的导体，并保持与带电体的距离。

(4) 仔细观察验电笔的氖管，若氖管里面的两个极同时发亮，为交流电；若氖管里面只有一个极发亮，为直流电。

(5) 恢复测量现场至原来状态。

操作安全提示：

(1) 禁止低压验电笔在 500V 以上电压下使用。

(2) 禁止用低压验电笔测 60V 以下电压。

(3) 禁止采用全手握笔方法验电，应当采用手指握笔的方式。

(4) 禁止用手接触笔尖金属部分，以免在验电过程中使操作者触电。

(5) 在有电的设备上使用损坏的验电笔得出无电的结果会导致触电或短路。

34. 使用 ZC-8 型手摇式接地电阻测试仪测接地电阻。

准备工作：

(1) 正确穿戴劳动保护用品。

(2) 工用具、材料准备：1磅手锤1只、绝缘手套1副、常用电工工具1套、40cm 接地棒2根、40m 连接线1根、20m 连接线1根、5m 连接线1根、接地电阻测试仪1块。

操作程序：

(1) 戴上绝缘手套拆开接地干线与接地体的连接点，或拆开接地干线上所有接地支线的连接点。

(2) 将两根接地棒分别插入地面 400mm 深，一根离接地体 40m 远，另一根离接地体 20m 远，并与接地体成一条直线。

(3) 将接地电阻测试仪置于接地体旁平整的地方，将检流计调零。

(4) 接线：用一根连接线连接表上接线桩 E 和接地装置的接地体 E′，用 40m 连接线连接表上接线桩 C 和离接地体较远的接地棒 C′，用 20m 连接线连接表上接线桩 P 和离接地体较近的接地棒 P′，如图 13 所示。

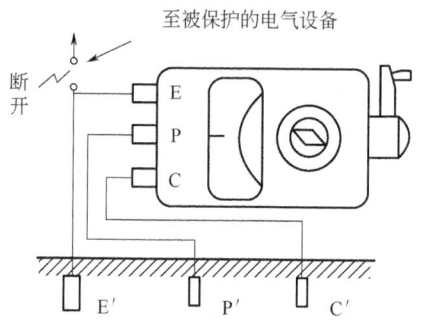

图 13　接地电阻测试仪接线图

（5）将"倍率标度"置于最大倍数，慢慢转动发电机摇把，同时旋动"测量标度盘"使检流计指针指于中心线。

（6）当检流计的指针接近平衡时，加快发电机摇把的转速，使其达到 120r/min 以上，调整"测量标度盘"使指针指于中心线上。

（7）如"测量标度盘"的读数小于 1 时，应将"倍率标度"置于较小标度倍数，再重新调整"测量标度盘"以得到正确读数。

（8）用"测量标度盘"的读数乘以"倍率标度盘"的倍数即为所测的接地电阻值。

（9）为了保证所测接地电阻值的可靠，应改变方位重新进行复测。取几次测得值的平均值作为接地体的接地电阻。

（10）拆除接线，收回接地棒，戴绝缘手套恢复接地体连接。

操作安全提示：

（1）当检流计的灵敏度过高时，可将电位探测针插入土壤位置调整的浅一些；当检流计灵敏度不够时，可沿电位探测针和电流探测针浇水湿润。

（2）当大地干扰信号较强时，可以适当改变手摇发电机的转速，提高抗干扰能力，以获得平衡读数。

（3）当接地极 E′ 和电流探测针 C′ 之间距离大于 40m 时，电位探测针 P′ 可插在离开 E′ 与 C′ 中间直线几米以外的位置，其测量误差可忽略不计。

（4）当接地极 E′、电流探测针 C′ 之间的距离小于 40m 时，则应将电位探测针 P′ 插于 E′ 与 C′ 的直线中间。

（5）当用四端钮（0/1/10/100Ω）规格的接地电阻测试仪测量小于 1Ω 电阻时，应将 C_2P_2 接线端钮的连接片打开，分别用导线连接被测接地体上，以消除测量时连接导线电阻而产生的误差，如图 14 所示。

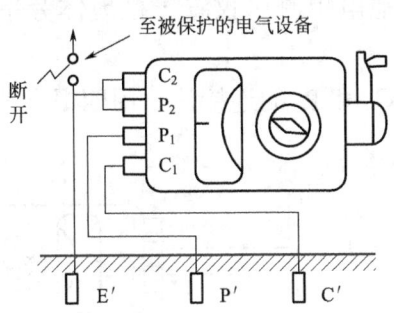

图 14　四端钮规格接地电阻测试仪接线图

（6）仪表运输及使用时应小心轻放，避免剧烈震动，以防轴尖、轴承受损而影响指示。

（7）雷雨天测量可能会导致雷击触电。

（8）不规范使用手锤可能会导致砸伤。

（9）接线不规范、导线绝缘破损可能会导致触电或测量结果不准确。

（10）拆开接地体与接地干线时，无防护措施可能会导致触电。

35. 使用 ZC-8 型手摇式接地电阻测试仪测土壤电阻率。

准备工作：

（1）正确穿戴劳动保护用品。

（2）工用具、材料准备：手锤1只、常用电工工具1套、60cm 接地棒 4 根、40m 连接线 1 根、20m 连接线 2 根、5m 连接线 1 根、接地电阻测试仪 1 块。

操作程序：

（1）选择具有四个端钮的接地电阻表来测量土壤电阻率。

（2）在被测区沿直线埋入地下 4 根棒，彼此相距 1000cm，呈直线，棒的埋入深度应不超过 0.5m，并且等深。

（3）把接地电阻测试仪置于接地体旁平整的地方，将检流计调零。

（4）打开 C_2 和 P_2 的连接片，用四根导线连接到相应探测棒上（图15）。

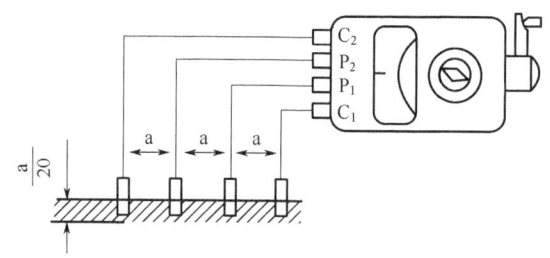

图 15　接地电阻测试仪测土壤电阻率接线图

（5）将"倍率标度"置于最大倍数，慢慢转动发电机摇把，同时旋动"测量标度盘"使检流计指针指于中心线。

（6）当检流计的指针接近平衡时，加快发电机摇把的转速，使其达到120r/min，调整"测量标度盘"使指针指于中心线上。

（7）如"测量标度盘"的读数小于1时，应将"倍率标度"置于较小标度倍数，再重新调整"测量标度盘"以得到正确读数。

（8）用"测量标度盘"的读数乘以"倍率标度盘"的倍数即为所测的接地电阻值，所测电阻率为：$P=2000\pi \times$ 接地电阻表读数。

（9）拆除接线，收回接地棒，清理测量现场。

操作安全提示：

（1）当检流计的灵敏度过高时，可将电位探测针插入土壤中的位置调整的浅一些；当检流计灵敏度不够时，可沿电位探测针和电流探测针浇水湿润。

（2）当大地干扰信号较强时，可以适当改变手摇发电机的转速，提高抗干扰能力，以获得平衡读数。

（3）仪表运输及使用时应小心轻放，避免剧烈震动，以防轴尖、轴承受损而影响指示。

（4）雷雨天测量可能会导致雷击触电。

（5）不规范使用手锤可能会导致砸伤。

（6）接线不规范、导线绝缘破损可能会导致触电或测量结果不准确。

36. 拉开GW1隔离开关（防盗操作机构）。

准备工作：

（1）正确穿戴劳动保护用品。

（2）工用具、材料准备：油井变压器台架1处、绝缘手套1副、绝缘靴1双、绝缘棒1套、护目镜1副。

操作程序：

(1) 核对要操作的 GW1 隔离开关的地点及编号。

(2) 检查防护用品是否合格，并穿戴好防护用品。

(3) 断开该 GW1 隔离开关下侧的变压器低压侧空气断路器。

(4) 检查并清洁绝缘棒，旋接绝缘棒至合适的长度。

(5) 站立于隔离开关操作机构正下方，用绝缘棒的金属钩钩住分闸操作臂末端的金属环，开始时应慢而谨慎地用力拉，当刀片离开固定触头时动作应迅速，特别是切断变压器的空载电流、架空线路及电缆的充电电流、架空线路的小负荷电流，以及切断环路电流时，拉闸应迅速果断，以便消弧。

(6) 拉开隔离开关使刀片尽量拉到头，听到"咔"的一声，说明隔离开关操作机构自锁成功，然后检查隔离开关三相均在断开位置。

(7) 整理工用具及护具，清理现场。

操作安全提示：

(1) 绝缘护具破损可能导致触电。

(2) 拉合的隔离开关不是指定的隔离开关可能导致弧光短路及烫伤。

(3) 用力不当可能导致扭伤或脱臼。

(4) 雷雨天拉合隔离开关可能导致触电或设备损坏。

(5) 操作时需两人进行，一人操作，一人监护。

(6) 拉开线路隔离开关前须检查相邻的断路器是否在开位；拉开变压器台隔离开关前须检查变压器低压断路器是否在开位，防止操作时弧光短路。

(7) 如误拉其他隔离开关，拉开后不许再合上，须汇报等候处理。

37. 合 GW1 隔离开关（防盗操作机构）。

准备工作：

（1）正确穿戴劳动保护用品。

（2）工用具、材料准备：油井变压器台架 1 处、绝缘手套 1 副、绝缘靴 1 双、绝缘棒 1 套、护目镜 1 副。

操作程序：

（1）核对要操作的 GW1 隔离开关的地点及编号。

（2）检查变压器低压侧空气断路器是否在开位。

（3）检查防护用品是否合格，并穿戴好防护用品。

（4）检查并清洁绝缘棒，旋接绝缘棒至合适的长度。

（5）站立于隔离开关操作机构正下方，用绝缘棒的金属钩钩住自锁杆下端的孔，旋转绝缘棒，听到"咔"的一声，自锁解开。

（6）用绝缘棒的金属钩钩住合闸操作臂末端的金属环，迅速而果断地用力下拉绝缘棒，但在合闸终了时不可用力过猛，以免发生冲击。

（7）隔离开关操作完毕后，检查是否合上，隔离开关刀片应完全进入固定触头，并检查接触是否良好，合闸不到位可拉开重新再合。

（8）根据情况确定是否合上低压侧断路器。

（9）整理工用具及护具，清理现场。

操作安全提示：

（1）绝缘护具破损可能导致触电。

（2）拉合的隔离开关不是指定的隔离开关，可能导致弧光短路及烫伤。

(3) 用力不当可能导致扭伤或脱臼。

(4) 雷雨天拉合隔离开关可能导致触电或设备损坏。

(5) 操作时需两人进行，一人操作，一人监护。

(6) 合上线路隔离开关前须检查相邻的断路器是否在开位，且线路上无接地线；合上变压器台隔离开关前须检查变压器低压断路器是否在开位，且变压器台架上无影响运行的物品，防止操作时弧光短路。

(7) 误合隔离开关，合上后不许再拉开，须汇报等候处理，有触电情况例外。

38. 拉合 GW9 隔离开关。

准备工作：

(1) 正确穿戴劳动保护用品。

(2) 工用具、材料准备：油井变压器台架 1 处、绝缘手套 1 副、绝缘靴 1 双、绝缘棒 1 套、护目镜 1 副。

操作程序：

(1) 核对要操作的 GW9 隔离开关的位置及编号。

(2) 检查变压器低压侧空气断路器是否在开位。

(3) 检查防护用品是否合格，并穿戴好防护用品。

(4) 检查并清洁绝缘棒，旋接绝缘棒至合适的长度。

(5) 站立于隔离开关正前下方，用绝缘棒的金属钩钩住 GW9 隔离开关中间相的操作环，迅速而果断地用力下拉动触头。

(6) 拉断中间相后，再拉背风的边相，最后拉断迎风的边相。

(7) 全部拉开后，检查隔离开关动、静触头之间的距离需大于 20cm，拉开操作即完成。

(8) 用绝缘棒的金属钩钩住 GW9 隔离开关迎风相的操作环，缓慢拉动动触头至静触头 10cm 左右。

(9) 停顿后调整姿势，然后将绝缘杆快速直线上顶，将动触头推至合闸位置，如动触头偏移，可拉开再合。

(10) 合完迎风的边相，再合背风的边相，最后合上中间相。

(11) 操作完毕后，检查是否合上，隔离开关刀片应完全夹住固定触头，并检查接触良好，合闸不到位可拉开重新再合。

(12) 根据情况确定是否合上低压侧断路器。

(13) 整理工用具及护具，清理现场。

操作安全提示：

(1) 绝缘护具破损可能导致触电。

(2) 拉合的隔离开关不是指定的隔离开关可能导致弧光短路及烫伤。

(3) 用力不当可能导致扭伤或脱臼。

(4) 雷雨天拉合隔离开关可能导致触电或设备损坏。

(5) 操作时需两人进行，一人操作，一人监护。

(6) 合上线路隔离开关前须检查相邻的断路器是否在开位；且线路上无接地线；合上变压器台隔离开关前须检查变压器低压断路器是否在开位，且变压器台架上无影响运行的物品，防止操作时弧光短路。

(7) 拉开线路隔离开关前须检查相邻的断路器是否在开位，拉开变压器台隔离开关前需检查变压器低压断路器在开位，防止操作时弧光短路。

(8) 如误拉其他隔离开关，拉开后不许再合上，需汇报等候处理。

（9）如误合隔离开关，合上后不许再拉开，需汇报等候处理，有触电情况例外。

39. 检查防雷装置。

准备工作：

（1）正确穿戴劳动保护用品。

（2）工用具、材料准备：300mm 活动扳手 1 把、绝缘手套 1 副。

操作程序：

（1）沿着既定的设备检查路径查看避雷器瓷套管或绝缘有无裂纹或损坏，表面是否脏污，各金属部分是否牢固、腐蚀、锈蚀等，如有上述情况需停电处理，查看过程中需与带电体保持安全距离。

（2）连接处有无接触不良，引下线各部分连接是否良好，有无烧损或氧化打火痕迹，避雷针、房屋接地引下线上的螺栓可用活动扳手检查紧固。

（3）检查接地极（网）周围的土壤沉陷情况等，根据情况加补填土。

操作安全提示：

（1）雷雨天气检查可能发生雷击伤害。

（2）雨雪天气检查也可能发生摔伤。

（3）临近带电设备、抽油机等，不规范的操作可能导致触电或机械伤害。

（4）运行电气设备的接地体检查需与带电体保持安全距离，不许带电紧固螺栓。

（5）抽油机等活动设备接地体检查需停机、刹车牢固后进行。

（6）必须两人同时进行，一人检查，另一人监护。

40. 操作跌落熔断器。

准备工作：

(1) 正确穿戴劳动保护用品。

(2) 工用具、材料准备：油井变压器台架1处、绝缘手套1副、绝缘靴1双、绝缘棒1套、护目镜1副。

操作程序：

(1) 核对要操作的跌落熔断器的地点及井号。

(2) 检查变压器低压侧空气开关是否在开位。

(3) 检查防护用品是否合格，并穿戴好防护用品。

(4) 检查并清洁绝缘棒，旋接绝缘棒至合适的长度。

(5) 站立于跌落熔断器正前下方，用绝缘棒的金属钩钩住中间相熔断管的操作环，适度用力拉下熔断管。

(6) 拉下中间相熔断管后，再拉背风的边相，最后拉断迎风的边相，拉开操作即完成。

(7) 如需取下熔断管，需将绝缘杆头部的金属钩平行于地面，托住熔管转轴根部，上抬取下熔管，装上时顺序相反。

(8) 用绝缘棒的金属钩钩住跌落熔断器迎风相熔断管的操作环，缓慢拉动触头至鸭嘴10cm左右。

(9) 停顿后调整姿势，然后将绝缘杆快速直线上顶，将触头推至合位，如触头偏移，可拉开再合。

(10) 合完迎风的边相，再合背风的边相，最后合上中间相。

(11) 操作完毕后，检查熔断器触点是否合严（无放电声）。

(12) 根据情况确定是否合上低压侧断路器。

(13) 整理工用具及护具，清理现场。

操作安全提示：

（1）注意与熔断管的距离，取下时可能被砸伤。

（2）绝缘护具破损可能导致触电。

（3）用力过猛可能导致绝缘棒脱节，发生扭伤、摔伤、脱臼。

（4）雷雨天操作可能导致触电。

（5）合上熔断器熔管前须检查变压器低压断路器在开位，且变压器台架上无影响运行的物品，防止操作时弧光短路。

（6）拉开熔断器熔管前须检查变压器低压断路器在开位，防止操作时弧光短路。

（7）拉、合熔管时要用力适度，合好后，要轻轻试拉，检查是否合好。

41. 检查启动前的三相异步电动机。

准备工作：

（1）正确穿戴劳动保护用品。

（2）工用具、材料准备：三相异步电动机（0.75kW）1台，500V兆欧表1块，数字式万用表1块，QJ23单臂电桥1块，BV-500/2.5mm^{2}放电导线1m，电工工具1套，计算器1个。

操作过程：

（1）准备工作。

（2）检查外观。检查电动机外壳、各部位螺栓。

（3）检查转动部分。用手扳动电动机转子和所连接的机械转轴，检查灵活性及扫膛和轴承缺油情况。

（4）检查、核对电动机铭牌数据。

（5）测量绝缘电阻。

首先,测量每一相绕组对地的绝缘电阻。将兆欧表的"L"端子接至电动机 U 相绕组,将兆欧表的"E"端子接至接地极,由慢到快摇动兆欧表的手柄至转速达到 120r/min,待指针稳定后读数。在摇测中拆除接线并放电。放电时,将放电棒的接地线接至接地极后,再接导体部分。按上述方法分别测量 V 相和 W 相的对地绝缘电阻。

其次,测量相间绝缘电阻。将兆欧表的"L"端子接至电动机 U 相绕组,将兆欧表的"E"端子接至电动机 V 相绕组,由慢到快摇动兆欧表的手柄至转速达到 120r/min,待指针稳定后读数。在摇测中拆除接线并放电。放电时,将放电棒的接地线接至接地极后,再接导体部分。按上述方法分别测量 U 相与 W 相及 V 相与 W 相的相间绝缘电阻。

(6) 测量直流电阻。先用万用表估测每一相绕组的直流电阻。将单臂电桥的检流计连接片拨至外接线端并旋紧,对检流计进行机械调零。根据估测值选择比率臂和比较臂,将电桥的两个接线端子接到电动机的 U 相绕组,先将"B"旋钮旋紧再点动"G"旋钮,观察检流计指针摆动方向。若指针向"+"方向偏摆,则须增加比较臂电阻;若指针向"-"方向偏摆则须减小比较臂电阻。读数时,将比较臂的数值相加,再乘以比率臂的数值,即为直流电值。用上述方法分别测量 V 相及 W 相的直流电阻。

(7) 根据测量结果给出结论。根据偏差公式 R 偏差 = (R 最大 $-R$ 最小)/R 平均 ×100%,计算三相直流电阻偏差值,偏差值 > 5% 说明三相绕组不平衡,偏差值 ≤ 5% 为合格;绝缘电阻大于 0.5MΩ 为合格,电动机可以投入运行,否则不能使用。

操作安全提示：

（1）兆欧表应根据电动机的电压等级进行选择。

（2）测试前后应对设备进行放电。

（3）测程中转速不宜过快或过慢，转速应在120r/min。

（4）应在摇测中拆线，避免对仪表反送电而损坏仪表。

（5）单臂电桥使用完毕后应将可动部分锁上，以防止检流计在搬动过程中震坏。

（6）如果电桥长期不用，应将电池取出。

42. 检查小型三相配电变压器的绝缘故障。

准备工作：

（1）正确穿戴劳动保护用品。

（2）工用具、材料准备：小型三相配电变压器1台，2500V兆欧表1块，2.5mm² 裸铜导线2m，BV-500/2.5mm² 放电导线1根，BV-500/2.5mm² 接地线1根，擦布1块，线手套1副。

操作过程：

（1）准备工作。

（2）擦拭变压器绝缘套管及器身，检查变压器、引线及套管是否损坏。

（3）选表校表。将兆欧表水平放置。验表：做开路试验，将红表笔接至兆欧表的"L"端子，黑表笔接至兆欧表的"E"端子，将两表笔分开，以120r/min的转速匀速摇动手柄、指针指向"∞"时，开路试验合格；做短路试验，将两表线短接，轻带手柄，指针指向"0"时，短路试验合格。兆欧表经试验合格后可以使用。

（4）测量绝缘电阻，将变压器的高压绕组和低压绕组分别短接。

① 测量变压器高压绕组对地绝缘电阻时，将兆欧表的"L"端子接至变压器高压绕组，将低压绕组与接地极连接，并接至兆欧表的"E"端子。由慢到快摇动兆欧表的手柄至转速达到120r/min，待指针稳定后读数。在摇测中拆除接线并放电，放电时，将放电棒的接地线接至接地极后，再接导体部分。

② 测量变压器低压绕组对地绝缘电阻时，将兆欧表的"L"端子接至变压器低压绕组，将高压绕组与接地极连接，并接至兆欧表的"E"端子。由慢到快摇动兆欧表的手柄至转速达到120r/min，待指针稳定后读数。在摇测中拆除接线并放电，放电时，将放电棒的接地线接至接地极后，再接导体部分。

③ 测量变压器高压绕组、低压绕组之间的绝缘电阻。将兆欧表的"L"端子接至变压器高压绕组，将低压绕组接至兆欧表的"E"端子。由慢到快摇动兆欧表的手柄至转速达到120r/min，待指针稳定后读数。在摇测中拆除接线并放电。放电时，将放电棒的接地线接至接地极后，再接导体部分。

（5）判断与分析。

① 根据测量结果判断变压器绝缘故障情况，由于影响变压器绝缘电阻的因素很多，故一般对绝缘电阻值不做统一规定，而是把测得值与制造厂提供的初试值进行比较，来判断是否合格。一般新变压器投入运行前的绝缘电阻值，换算到同一温度下比较，不应低于初试值的70%，运行中的变压器，测得的绝缘电阻值换算到相同温度时，不低于初试值的50%。

② 若所测变压器已无法查到绝缘电阻的初试值，则可

以按表8中所列数值为参考，测得的绝缘电阻应大于表内所列的数值。

表8　电力变压器环境温度与绝缘电阻最低容许值的关系　单位：MΩ

电压等级 3～10kV	温度（℃）	10	20	30	40	50	60	70	80
	一次对二次及地	450	300	200	130	90	60	40	25
	二次对地	40	20	10	5	3	2	1	1

操作安全提示：

（1）兆欧表应根据设备绝缘等级进行选择。

（2）测试前后应对设备进行放电。

（3）应在摇测中拆线，避免对仪表反送电而损坏仪表。

43.油井变压器补油。

准备工作：

（1）正确穿戴劳动保护用品。

（2）工用具、材料准备：绝缘手套1副、绝缘靴1双、绝缘棒1套、护目镜1副、常用电工工具1套、变压器油1桶、脚扣1副、安全带1副、绳索1条、接地线1组、漏斗1个。

操作程序：

（1）检查并适时使用安全用具、护具。

（2）断开变压器低压侧空气断路器，拉开变压器跌落熔断器，验明变压器高低压接线柱均确无电压，在变压器高压接线柱安装接地线。

（3）登上变压器检修台，系上安全带，清洁变压器器身，检查变压器身的漏点，适当紧固变压器漏点周边螺栓。

(4) 打开变压器储油柜补油孔螺栓，装上漏斗。

(5) 用绳索拧起变压器油桶至合适位置补加变压器油，动作要慢，防止洒落变压器油，补油量不得过多或不足，油标油位应与环境温度相对应。

(6) 放下油桶，摘下漏斗，装上储油柜补油孔螺栓。

(7) 检查变压器身有无新漏点，并确认无遗漏工具用具。

(8) 离开变压器操作台，拆除接地线。

(9) 先合上跌落熔断器，再合上低压空气断路器。

操作安全提示：

(1) 注意与熔断管的安全距离，取下时可能被砸伤。

(2) 绝缘护具破损可能导致触电。

(3) 用力过猛可能导致绝缘棒脱节，使操作者发生扭伤、摔伤与脱臼。

(4) 高空作业须防止高空坠落或落物伤人。

(5) 即将补入的变压器油应为合格的变压器油，标号适合当地气温要求。

(6) 阴雨天不可给变压器补油，防止雨水进入变压器内部。

(7) 禁止从变压器下部补油，以防止变压器底部的沉淀物冲入线圈内，而影响绝缘和散热。

(8) 操作时应两人进行，一人操作，一人监护。

44. 使用单（双）臂直流电桥测量配电变压器线圈直流电阻。

准备工作：

(1) 正确穿戴劳动保护用品。

(2) 工用具、材料准备：绝缘手套1副、绝缘靴1双、绝缘棒1套、护目镜1副、常用电工工具1套、单（双）臂直流电桥1块、连接线若干、脚扣1副、安全带1副、绳索1条。

操作程序：

(1) 检查、使用安全用具、护具。

(2) 断开变压器低压侧空气断路器，拉开变压器隔离开关及跌落熔断器，验明变压器确无电压。

(3) 登上变压器操作台，系上安全带，清洁变压器高低压套管及接线柱。

(4) 用绳索将电桥运至变压器检修台，放置平稳。

(5) 将电桥指针调零，将测量线连接至变压器高压A、B接线柱。

(6) 按下电桥B键，对变压器绕组充电1～2min。

(7) 调整电桥各旋钮及测量，记录测量结果。

(8) 依次分别测量高压绕组A相与B相，B相与C相，C相与A相；低压绕组a相与o、b相与o、c相与o的直流电阻值，重复步骤(5)(6)。

(9) 根据测试结果，相间差不大于三相平均值的4%，线间差不大于三相平均值的2%，与以前相同部位测试结果相比差距不超过2%为合格。

(10) 拆除接线并确认无遗漏工具用具，离开变压器操作台。

(11) 先合上跌落熔断器，再合上高压隔离开关。

(12) 合上低压空气断路器。

操作安全提示：

(1) 保持与熔断管的安全距离，防止取下时掉落被砸伤。

(2) 绝缘护具破损可能导致触电。

（3）用力过猛可能导致绝缘棒脱节，发生扭伤、摔伤、脱臼。

（4）高空作业须防止高空坠落或落物伤人。

（5）操作时应两人进行，一人操作，一人监护。

45. 使用数字式万用表测量交、直流电压。

准备工作：

（1）正确穿戴劳动保护用品。

（2）工用具、材料准备：交流三相电源（380V/220V）一处，直流电源1处，DT890数字式万用表1块，线手套1副。

操作过程：

（1）打开数字式万用表的电源开关。

插入表笔（将红表笔插入"V/Ω"插孔，黑表笔插入"COM"插孔），打开万用表电源开关。

（2）测量交流电压和直流电压。

① 测量电压时必须戴线手套。

② 根据被测参量选择挡位及量程。

a. 测量交流电压时选择交流电压挡"ACV"，需要测量相电压和线电压，根据被测电压选择相应的量程。

b. 测量直流电压时选择直流电压挡"DCV"，把旋钮旋到比估计值大的量程。

③ 接线，读取数值。

a. 测量直流电压时，如果在数值的左边出现"-"，则表明表笔极性与实际电源极性相反，此时红表笔接的是负极。

b. 数值可以直接从显示屏上读取，若显示为"1"，则表明量程太小，应加大量程后再测量。

（3）归档。

测量完毕，将量程开关拨到电压最高挡并关闭万用表电源开关。

操作安全提示：

(1) 测量时必须戴线手套。

(2) 测量时要注意与带电部位保持足够的安全距离，以防发生触电事故。

(3) 测量前必须检查表笔是否插紧，必须将转换开关拨到对应的电压挡及量程。

(4) 严禁在测量过程中转换开关及量程。

(5) 选择量程时要比估计的电压值大。表盘上的数值均为最大量程值。

(6) 满量程时，仪表仅在最高位显示数字"1"，其他位均消失，这时应选择更大的量程。

(7) 如果误用交流电压挡测量直流电压，或者误用直流电压挡去测量交流电压，显示屏将显示"000"或低位上的数字出现跳动。

(8) 当显示"BATT"或"LOW BAT"时，表示电池电压低于工作电压。

46. 站用变并联电容器组停、送电操作。

准备工作：

(1) 正确穿戴劳动保护用品。

(2) 工用具、材料准备：绝缘手套1副、绝缘靴1双、绝缘棒1套、护目镜1副、绝缘隔板1块、短接线1根、常用电工工具1套。

操作程序：

(1) 检查并适时使用安全用具、护具。

(2) 手动逐组断开电容器的断路器，再拉开电容器柜的隔离开关，对电容器柜断电。

(3) 检查电容器组有无鼓肚，保险有无熔断，放电电阻（电感）有无损坏。

(4) 发现有损坏的电容器，将隔离开关加绝缘隔板，手动将电容器逐个放电，更换损坏的设备。

(5) 拆除绝缘隔板，合上电容器柜隔离开关，根据功率因数表手动投入合适的电容器组数。

操作安全提示：

(1) 安全措施不得当，可能发生触电伤害。

(2) 电容放电不彻底可能发生电击伤害。

(3) 绝缘护具损坏可能导致触电。

(4) 运行中的电容器组开关跳闸后，不准强行送电。应查明原因，实施安全措施后排除故障，拆除安全措施后方可投入使用。

(5) 保护电容器的熔断丝熔断，只允许更换一次熔断丝；若再次熔断，必须先查明原因，排除故障后再送电。

(6) 禁止电容器组带电荷投入使用。电容器组停电3min后，在放电电阻（电感）完好的情况下，方可再一次合闸送电。

47. 测量抽油机控制箱并联电容器绝缘电阻。

准备工作：

(1) 正确穿戴劳动保护用品。

(2) 工用具、材料准备：绝缘手套1副、绝缘靴1双、500V兆欧表1块、护目镜1副、短接线1根、常用电工工具1套。

操作程序：

(1) 检查并适时使用安全用具护具。

(2) 检查兆欧表外观是否完好，将兆欧表放置平稳，做开路试验和短路试验。

（3）停运抽油机并刹紧，断开变压器低压侧开关并悬挂"禁止合闸，有人工作！"警告牌。

（4）打开控制箱门，将电容器各极对地放电。

（5）拆除电容器接线端子上的电源导线，并将电容器的瓷套管擦拭干净。

（6）将兆欧表"E"端连接在A相电容器外壳上，将兆欧表"L"端连接到电容器两个接线端子。

（7）以120r/min的摇速达到1min时，待指针稳定，读取数值并记录（为电容器极对地绝缘电阻）。

（8）摘下电容器接线柱上的接线，然后停止摇动兆欧表手柄。

（9）将电容器接线柱对外壳放电。

（10）将兆欧表"E"端接电容器A相接线柱，"L"端接电容器另一接线柱，"G"端接电容器外壳。

（11）重复步骤（7）～（9），为电容器极间绝缘电阻。

（12）换其他相电容器重新测试，绝缘电阻均在1MΩ以上为合格。

（13）工作完成后，恢复原来的接线，拆除安全措施，送电启动抽油机。

操作安全提示：

（1）安全措施不得当，可能发生触电伤害。

（2）电容放电不彻底可能发生电击伤害。

（3）绝缘护具损坏可能导致触电。

48. 单股导线的直线连接。

准备工作：

（1）正确穿戴劳动保护用品。

(2) 工用具、材料准备：剥线钳1把、钢丝钳1把、2.5mm² 绝缘导线若干、砂纸若干、绝缘胶带1卷、线手套1双。

操作程序：

(1) 将被连接的两导线的绝缘层削掉，清理干净，长度一般为 100～150mm。

(2) 将两导线线芯 2/3 长度处绞在一起，成"X"形，相互间绞绕 2～3 圈，如图 16（a）、图 16（b）所示。

(3) 扳直两线头，一手握钳，另一手将一线芯按顺时针方向紧绕在另一线芯上，绕 5～8 圈，把多余部分剪掉，并用钳子将线芯掐住、压紧，如图 16（c）、图 16（d）所示。

(4) 用同样方法把另一线芯按逆时针方向缠绕好，圈数相同，如图 16（e）所示。

(5) 用绝缘带将缠绕部分全部包扎好，如图 16（f）所示。

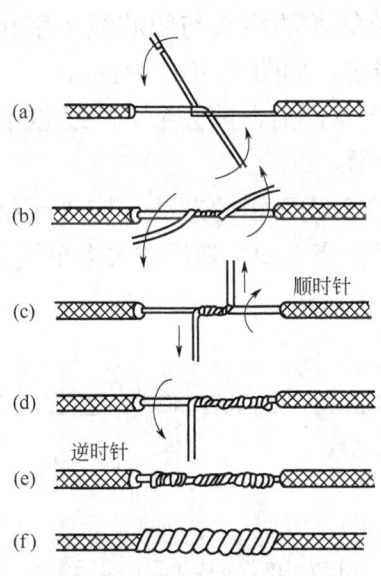

图 16　单股导线直线连接示意图

操作安全提示：

(1) 剥线钳、钢丝钳使用不当可能夹伤手。

(2) 工作前需戴上线手套，防止缠绕导线时划伤手。

(3) 带电接导线时可能发生触电。

(4) 运行中的线路做导线连接需先对线路停电，做好安全措施后再进行其他工作。

49. 单股导线的 T 形连接。

准备工作：

(1) 正确穿戴劳动保护用品。

(2) 工用具、材料准备：剥线钳 1 把、钢丝钳 1 把、2.5mm² 导线若干、电工刀 1 把、砂纸若干、绝缘胶带 1 卷、线手套 1 双。

操作程序：

(1) 将绝缘导线的干线、支线剥去合适长度的绝缘。

(2) 将支路线芯的线头与线芯线十字相交后按顺时针方向缠绕支路线芯，如图 17（a）所示。

(3) 缠绕 5～8 圈后，剪去余下的线芯并剪平线芯末端，如图 17（b）所示。

(4) 对于较小截面积的芯线，应先环绕结扣，再把支路线头扳直，紧密绕 5 圈，随后减去多余线芯，剪平切口毛刺，如图 17（c）所示。

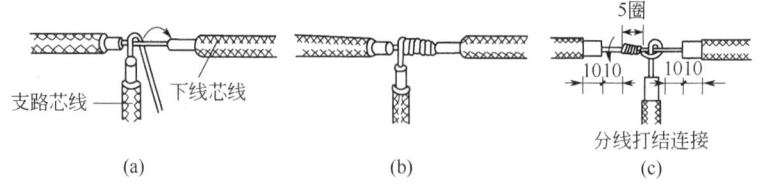

图 17　单股导线 T 形连接示意图

操作安全提示：

(1) 剥线钳、钢丝钳使用不当可能夹伤手。

(2) 工作前需戴上线手套，防止缠绕导线时划伤手。

(3) 带电接导线时可能发生触电。

50. 多股导线的直线连接。

准备工作：

(1) 正确穿戴劳动保护用品。

(2) 工用具、材料准备：电工刀 1 把、钢丝钳 1 把、16mm² 多股绝缘导线若干、砂纸若干、绝缘胶带 1 卷、线手套 1 双。

操作程序：

(1) 将导线两端的绝缘剥离至合适长度。

(2) 将两个多股导线散开拉直，并将 1/3 长的导线咬紧[图 18（a）]，然后把 2/3 长的导线分散成伞状，把两股导线的伞状线头隔根对插，如图 18（b）所示，并将其中一端的芯线按 2、2、3 根分成 3 组（7 芯线）。

(3) 将第二组的 2 根芯线扳起并与芯线相垂直，顺时针方向紧绕 2 圈，如图 18（c）、图 18（d）所示。

(4) 将第二组的 2 根芯线仍按顺时针方向紧紧压住前 2 根芯线，缠绕 2 圈，如图 18（e）、图 18（f）所示。

(5) 将最后一组的 3 根芯线按上述方法顺时针方向紧紧压住前 4 根芯线缠绕 4 圈，如图 18（g）所示。最后切去每组多余长度的芯线，平整端部，去除毛刺。用上述同样方法缠绕在另一个芯线上，如图 18（h）所示。

操作安全提示：

(1) 电工刀使用不当可能割伤手。

(2) 钢丝钳使用不当可能夹伤手。

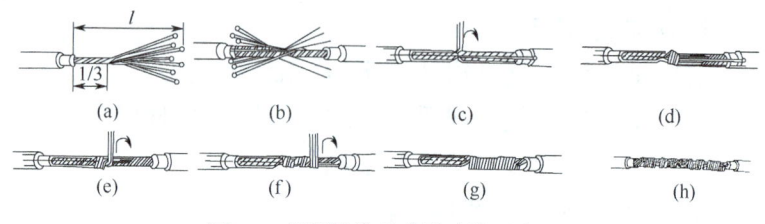

图 18 多股导线的直线连接示意图

（3）工作前需戴上线手套，防止缠绕导线时划伤手。

51. 多股导线的 T 形连接。

准备工作：

（1）正确穿戴劳动保护用品。

（2）工用具、材料准备：电工刀 1 把、钢丝钳 1 把、16mm² 多股绝缘导线若干、砂纸若干、绝缘胶带 1 卷、线手套 1 双。

操作程序：

（1）将导线两端的绝缘剥离至合适长度。

（2）将分支芯线分两组，在 1/3 处把芯线绞紧，如图 19（a）所示。

（3）将分支芯线靠近干线芯线并相互垂直，因为芯线总根数是 7 根，所以一组为 4 根，另一组为 3 根导线，如图 19（b）所示。

（4）把两组芯线按箭头所示方向紧紧缠在干线芯线上，如图 19（c）所示。

（5）每边紧紧缠绕 4～5 圈，剪平线端，如图 19（d）所示。

操作安全提示：

（1）电工刀使用不当可能割伤手。

（2）使用钢丝钳使用不当可能夹伤手。

(3) 工作前需戴上线手套，防止缠绕导线时划伤手。

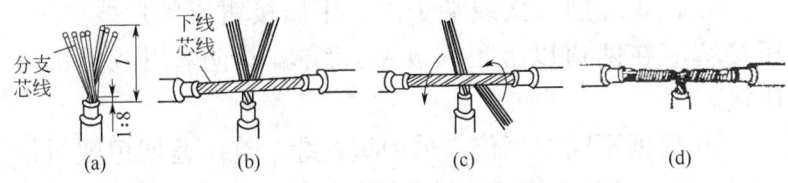

图 19　多股导线 T 形连接示意图

52. 制作低压电缆头。

准备工作：

(1) 正确穿戴劳动保护用品。

(2) 工用具、材料准备：1000V 兆欧表 1 块、电工刀 1 把、钢锯 1 根、压接钳 1 把、四色塑料带各 1 卷、3×16+1×10mm² 铝芯电缆若干、配套电缆冷缩头 1 支、16mm² 铝线鼻子 3 只。

操作程序：

(1) 摇测电缆绝缘电阻：

① 选用 1000V 摇表对电缆进行摇测，绝缘电阻应大于 10MΩ。

② 电缆摇测完毕后，应将线芯分别对地放电。

(2) 包缠电缆，套电缆终端头套：

① 剥去电缆外包绝缘层，将电缆头套下部先套入电缆。

② 根据电缆头的型号、尺寸，按照电缆头套长度和内径，用塑料带采用半叠法包缠电缆。塑料带应包缠紧密，形状呈枣核状。

③ 将电缆头套上部套上，与下部对接、套严，拉出支撑塑料件。

(3) 压电缆芯线接线鼻子：

① 从芯线端头量出线鼻子线孔深度的长度，再另加

5mm，剥去电缆芯线绝缘并在线芯上涂上导电膏。

② 将线芯插入接线端子内，用压接钳压紧接线鼻子，压接坑应在两道以上，大规格接线端子应采用液压机械压接。

③ 根据不同的相位，采用黄、绿、红、蓝四色塑料带分别包缠电缆各芯线至接线鼻子的压接部位。

操作安全提示：

（1）剥削电缆外包绝缘层时，钢铠可能造成划伤。

（2）压接钳可能压伤手指。

53. 敷设电缆线的操作。

准备工作：

（1）正确穿戴劳动保护用品。

（2）工用具、材料准备：电缆若干、防腐材料若干、保护钢管1根、铁锹1把、常用电工工具1套。

操作程序：

（1）电缆线路要满足供配电需要，保证安全运行，便于维修。

（2）对直接敷设的地下电缆，应用防腐层保护。

（3）直埋电缆的沟底必须平整，无坚硬物，否则应在沟底铺一层细沙或软土。

（4）电缆的埋设深度及电缆与各种设施交叉的最小间隔距离，应符合电气上的要求。

（5）铠装电缆垂直敷设或水平敷设时，在电缆的首端、转弯及接头处，需用卡子固定住。

（6）敷设时防止电缆扭弯，在施工中电缆的转弯应符合它的敷设弯曲半径。

（7）电缆穿越地面、建筑物，需装保护套管，一根保护套管只穿一根保护管，内径应大于 1.5 倍的电缆外径。

（8）多根电缆并列敷设时，中间的接头应前后错开或采用钢管保护。

（9）电缆在过河时，两端应留 3～5m；过桥时应留 0.3～0.5m；建筑物进出口电缆的终端，应留 1～1.5m 余量。

（10）铠装电缆和铝包（铅包）电缆的金属外皮两端、金属电缆终端头及保护钢管应可靠接地，其接地电阻应小于 10Ω。

操作安全提示：

（1）剥削电缆外包绝缘层时，钢铠可能造成划伤。

（2）穿越建筑物时，可能发生高空坠落事故。

54. 巡视井场电气设备。

准备工作：

（1）正确穿戴劳动保护用品。

（2）工用具、材料准备：绝缘靴 1 双、笔 1 支、纸 1 张、测温仪 1 支。

操作程序：

（1）检查并适时使用安全防护用品。

（2）按照既定的设备巡视路径进入巡视区。

（3）巡视采油机械是否工作正常，各项电气设备有无过热、烧损情况，必要时进行测温。

（4）井场周围有无各类施工，如有须告知现有隐蔽工程的位置，防止被损坏。

（5）巡视各类配电箱、配电柜安全防护及防水是否正常，金属构件防腐有无损坏。

（6）变压器油有无渗漏、缺油，电气设备构架有无松动、脱落，中性点引线是否接触良好。

（7）引线有无断裂、设备有无损坏，防雷接地装置是否正常。

（8）有无窃电现象发生。

（9）记录上述不正常现象，及时汇报处理。

操作安全提示：

（1）雨天巡视要防止摔伤。

（2）雷雨天巡视有雷击触电的可能。

（3）超越巡视工作范围有触电及机械伤害的可能。

（4）不保持与带电体的安全距离会导致触电。

55. 巡视配电柜。

准备工作：

（1）正确穿戴劳动保护用品。

（2）工用具、材料准备：绝缘靴1双、笔1支、纸1张、测温仪1支。

操作程序：

（1）检查并适时使用安全防护用品（配电柜前后有绝缘胶板时可不穿绝缘靴）。

（2）按照既定的设备巡视路径进入巡视区。

（3）巡视电力拖动装置是否工作正常，各项电气设备有无过热、烧损情况，必要时进行测温。

（4）巡视配电柜柜门防护是否正常，金属构件防锈有无损坏。

（5）引线有无断裂、设备有无损坏。

（6）检查室内防小动物设施是否正常在用。

（7）检查柜内照明是否正常好用。

（8）检查防雷接地装置是否正常。

(9) 记录上述不正常现象，及时汇报处理。

操作安全提示：

(1) 超越巡视工作范围，有触电及机械伤害的可能。

(2) 不保持与带电体的安全距离会导致触电。

(3) 女性工作人员需盘头戴帽，防止拖动设备绞伤。

56. 用直流法（干电池法）判断小型三相异步电动机首尾端。

准备工作：

(1) 正确穿戴劳动保护用品。

(2) 工用具、材料准备：指针万用表1块、常用电工工具1套、1号干电池1节。

操作程序：

(1) 用万用表的电阻挡区分出三组绕组。

(2) 将万用表调到最小直流电压挡，两根表笔分别接同一绕组的两根引线。

(3) 在剩下的两个绕组中任选一组，接一节电池（瞬间触碰），看万用表指针的摆动方向（做好标记）。

(4) 将万用表换到另外一组绕组上，重复上述过程。

(5) 两次过程中，万用表指针的摆动方向相同的，同一根表笔（红或黑）所接的是两个绕组的相同端。

(6) 将电池换到另一绕组，用相同的方法即可判断出第三个绕组的引出线。

操作安全提示：

操作不当可能损坏绕组端头。

57. 用剩磁法判断异步电动机绕组首尾端。

准备工作：

(1) 正确穿戴劳动保护用品。

(2) 工用具、材料准备：7.5kW 以下电动机 1 台，MF47 型万用表 1 块，电工工具 1 套，黄、绿、红色标记贴各 2 张。

操作过程：

(1) 准备工作。

(2) 检查万用表，应水平放置万用表并进行机械调零。

(3) 将万用表调到电阻挡，量程为 R×100Ω，然后调零。随意选出一线与一支表笔连接，将另一支表笔与另外五线连接，指针归零的为一组，用标记贴将两线捆在一起作一记号，再取一线与一支表笔连接，将另一支表笔与另外三线连接，指针归零的又是一组，剩余两线为一组。

(4) 从分完的三组线中各拿出一根，组成两组，每组三根，分别用鳄鱼夹夹住，将万用表选择直流毫安挡，用表笔与之相连，然后用手匀速转动电动机转子，看表针是否摆动。如果不动，就是正确的，随便哪组是首端或尾端都可以；如果表针摆动，就需要调整。例如，将 V1 与 V2 互换一下，再用手转动电动机；如指针还动，将 V1 和 V2 换回去，再将 W1 与 W2 互换一下；如指针还动，将 W1 与 W2 换回去，再将 U1 和 U2 互换一下，即能实现转动电动机后万用表指针不动，做好记号，不能超过三次。测量完毕后将万用表挡位调至交流电压最大挡或空挡。

操作安全提示：

(1) 测量时不要用手触摸表笔的金属部分，以保证安全和测量的准确性。

(2) 测量完毕后，应将转换开关旋至交流电压最大挡或空挡，这样可以防止转换开关放在欧姆挡时表笔短接，长期消耗表内电池，更重要的是防止在下次测量时忘记旋转转换开关而损坏仪表。

58. 安装顺序启动控制电路。

准备工作：

（1）正确穿戴劳动保护用品。

（2）工用具、材料准备：指针式万用表 1 块、常用电工工具 1 套、顺序启动控制电路配件 1 套、1.5mm² 绝缘铜线若干、2.5mm² 绝缘铜线若干（导线截面根据电动机容量选择）。

操作程序：

（1）熟练掌握控制电路原理图并按原理图选择各元器件参数，检查原理图所选用各元器件是否齐全良好（图 20）。

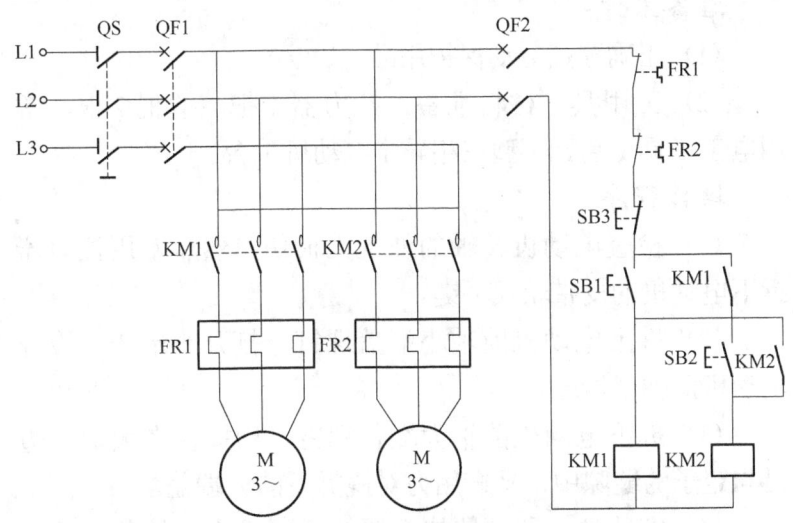

图 20　顺序启动控制电路图

（2）在给定的条件下合理布局各元器件，接线分主回路和控制回路，主回路要用规定的负荷，选用的导线由电源、空气断路器、交流接触器、热继电器、端子至负载分别做好标记。

(3) 控制回路一般选用 1.5～2.5mm² 的导线,按原理图接线,接线时要横平竖直,不交叉,不压绝缘,接点不松动,合理设置热继电器动作值。

(4) 接线完毕要反复按原理图检查至确认无错,试运启机。

操作安全提示：

(1) 导线剥削时可能伤到手。

(2) 安装元器件用力过猛可能导致元器件损坏。

(3) 接线错误启机时可能导致短路。

59. 拆卸电动机前轴承。

准备工作：

(1) 正确穿戴劳动保护用品。

(2) 工用具、材料准备：拉力器 1 把、撬棍 2 根、常用电工工具 1 套、小型三相异步电动机 1 台。

操作程序：

(1) 检查电动机转轴的外观无损伤,然后使用拉力器拆下电动机的皮带轮及平键。

(2) 拆下电动机前轴小端盖螺钉,打开小端盖,检查电动机前轴承情况。

(3) 拆下电动机前轴大端盖螺钉,用撬棍在大端盖边沿与定子的缝隙中,平衡用力对撬拆下前大端盖。

(4) 安装拉力器,使拉力器钩爪要平直地钩住轴承内圈,调整各拉杆长度相等,距离主螺杆中心线的距离相等,不要偏斜,并检查主螺杆应与转轴中心线重合。为了保护转轴端的顶尖孔,不要使主螺杆直接顶在顶尖孔上,在它们之间应垫上金属板或滚珠进行保护。

(5) 拧紧的主螺杆向外拉轴承时，用力要均匀，使每个钩爪作用力一致，动作要平稳，不可使劲猛拉。

(6) 在拆卸过程中，要保证轴承、轴颈配合，表面的精度不受损伤。

(7) 热套装的轴承因过盈量较大，不允许改用冷拆办法，避免损伤轴承配合精度。

操作安全提示：

(1) 拉力器脱落可能导致砸伤人员。

(2) 操作不当可能损坏设备。

60. 安装电动机前轴承。

准备工作：

(1) 正确穿戴劳动保护用品。

(2) 工用具、材料准备：轴承1支、手锤1把、变压器油若干、汽油若干、润滑脂若干、常用电工工具1套、小型三相异步电动机1台。

操作程序：

(1) 清洁电动机前轴颈，把经过清洗并加好润滑脂的内轴承盖套在轴颈上。

(2) 将新轴承放置在 70～80℃ 的变压器油中加热 5min，待全部防锈油熔去后，再用汽油洗净，用洁净的布擦干待装。

(3) 根据情况选择冷套或热套的方法把轴承套装到轴颈上。

(4) 轴承套好后，在轴承内外圈里和轴承盖里均匀装塞洁净润滑脂，但不应完全装满，一般占空腔容积的 1/3～1/2（二极电动机）或 2/3（四极及以上电动机），占内外盖盖内容积的 1/3～1/2。

(5) 在轴颈的键槽里放上平键，采用冷套的方法安装皮带轮。

操作安全提示：

(1) 轴承加热时可能发生烫伤。

(2) 使用汽油等易燃品要防止火灾。

(3) 操作不当可能损坏设备，也可能导致操作者机械伤害。

61. 用钳形电流表测量三相异步电动机的空载电流。

准备工作：

(1) 正确穿戴劳动保护用品。

(2) 工用具、材料准备：三相异步电动机（7.5kW 以下）1 台、电动机连续运行控制板 1 块、4mm² 多芯绝缘导线 4m、绝缘胶带（A 级）1 卷、钳形电流表（指针型）1 块、一字螺钉旋具 1 把、线手套 1 副。

操作过程：

(1) 检查钳形电流表及导线绝缘状况。

(2) 按下启动按钮，运行电动机。

(3) 测量前应先估计被测电流的大小，选择合适的量程，将量程开关转到合适位置。

(4) 测量、读数。手持钳形电流表胶木手柄，捏紧钳形电流表扳手，用食指勾紧铁芯开关便可以打开铁芯。将被测导线从铁芯缺口引入铁芯中央，然后放松铁芯开关的食指，铁芯自动闭合，就可以在表上读数。

(5) 测量完毕后，按下停止按钮，电动机停止运行。把钳形电流表的量程开关置于最大量程位置上，以防下次使用时因疏忽大意，未选择量程就进行测量，造成仪表的损坏。

操作安全提示：

（1）测量时应戴绝缘干净的线手套，并注意身体各部位与带电体保持安全距离，测量时防止短路。

（2）为了使读数准确，钳口的结合面应保持良好的接触。

（3）用钳形电流表只能测量低压电流，不能测量通过裸导体（如硬母线等）的电流。

（4）测量时注意钳口要紧，防止钳口不紧造成读数不准。

（5）每次测量只能钳入一根导线，测量时被测载流导线应放在钳口内的中心位置，以降低误差。

（6）为了消除钳形电流表铁芯中的剩磁对测量结果的影响，在测量较大电流之后，若立即测量较小电流，应把钳形电流表的铁芯开、合数次，以消除铁芯中的剩磁。

（7）测量 5A 以下的小电流时，为得到准确的读数，可将被测导线多绕几圈穿入钳口测量，实际电流值为钳形电流表读数除以放进钳口内的导线根数。

（8）严禁带电切换量程开关。

（9）在雷雨天时，禁止在室外使用钳形电流表进行测量。

62. 漏电保护器的接线。

准备工作：

（1）正确穿戴劳动保护用品。

（2）工用具、材料准备：漏电保护器 1 个、常用电工工具 1 套。

操作程序：

（1）根据情况固定漏电保护器。

（2）停电，按照漏电保护器的说明书正确接线，否则可能造成漏电保护拒动作或误动作。

（3）漏电保护器的负荷侧是一个独立的系统，不能与其他线路、电气设备及其他回路发生电气联系，包括零线。

（4）接线时漏电保护器电源侧必须接电源、负荷侧接负载，不可接错。

（5）通过漏电保护器的负荷侧零线不能重复接地，不能接保护线 PE，零线不能作为保护线使用。

（6）三极四线、四极四线零线 N 应接入漏电保护器。

（7）通电试用。

操作安全提示：

（1）带电作业时可能发生触电事故。

（2）操作不当可能损坏元件。

（3）带电作业可能导致触电或短路。

63. 安装灯具。

准备工作：

（1）正确穿戴劳动保护用品。

（2）工用具、材料准备：灯具 1 套、常用电工工具 1 套。

操作程序：

（1）根据灯具类型选择灯具安装地点及固定方式，并将灯具固定。

（2）采用钢管灯具吊杆时，钢管内径不应小于 10mm，管壁厚度不应小于 1.5mm。

（3）吊链式灯具的灯线不能受拉力，灯线必须超过吊链 20mm 的长度，灯线与吊链编叉在一起。

（4）同一室内或现场成排安装的灯具，在安装成排灯具时，应先定位，后顺序安装，其中心偏差不大于 5mm。

(5) 当灯具质量大于 2kg 时,应采用膨胀螺栓固定。

(6) 灯具组装必须合理、牢固,导线接头必须牢固、平整。

(7) 镜前灯安装一般要求距地面 1.8m 左右,但必须与客户沟通后确定。

(8) 嵌入式装饰灯具的安装须符合下列要求:

① 灯具应固定在专设的框架上,导线在灯盒内应留有余地,方便维修拆卸。

② 灯具的边框应紧贴在顶棚面上且完全遮盖灯孔。

③ 矩形灯具的边框宜与顶棚的装饰直线平行,其偏差不超过 5mm。

(9) 停电连接灯具电线,并做好绝缘。

(10) 通电试验。

操作安全提示:

(1) 登高作业可能导致摔伤。

(2) 易碎灯具可能导致人员受伤。

(3) 带电作业可能导致触电或短路。

64. 变频器的日常检查。

准备工作:

(1) 正确穿戴劳动保护用品。

(2) 工用具、材料准备:指针式万用表 1 块、常用电工工具 1 套。

操作程序:

(1) 查看变频器的安装地点、环境是否异常。

(2) 打开变频器控制箱检查散热系统是否正常。

(3) 检查变频器、电动机、电抗器等是否过热、变色或有异味。

(4) 检查变频器和电动机是否有异常震动、异常声音。

(5) 测量变频器上端主电路电压是否三相平衡，电压是否正常，控制电路电压是否正常。

(6) 检查导线连接是否牢固可靠。

(7) 检查滤波电容器是否有异味。

(8) 检查各种显示是否正常。

(9) 关上变频器控制箱的柜门并加锁。

操作安全提示：

(1) 检查中违章操作可能造成触电事故。

(2) 操作不当可能导致设备损坏。

65. 变频器的定期维护。

准备工作：

(1) 正确穿戴劳动保护用品。

(2) 工用具、材料准备：指针式万用表1块、500V兆欧表1块、常用电工工具1套。

操作程序：

(1) 按变频器停机按钮，直至电动机停运（螺杆泵需等待扭矩释放完成），再断开变频器上侧的空气断路器。

(2) 清扫空气过滤器，定时检查冷却系统是否正常。

(3) 检查有关紧固件是否松动，并进行必要的紧固。

(4) 导体绝缘物是否有腐蚀、过热的痕迹，变色或破损。

(5) 检查绝缘电阻阻值是否在正常范围内。控制电路不要使用兆欧表测试绝缘电阻。

(6) 检查及更换冷却风扇、滤波电容器等。

（7）检查端子排是否有损伤，继电器触点是否粗糙。

（8）确定控制电压的正确性，进行顺序保护动作实验，确认保护、显示回路有无异常。

（9）一般定期检查为一年进行一次，绝缘电阻检查为三年一次。

（10）合上变频器上侧的断路器并启动变频拖动装置。

操作安全提示：

（1）检查中违规动作可能造成触电事故。

（2）操作不当可能导致设备损坏。

66．变频器通电前的检查。

准备工作：

（1）正确穿戴劳动保护用品。

（2）工用具、材料准备：指针式万用表1块、500V兆欧表1块、常用电工工具1套。

操作程序：

（1）对照变频器使用说明书，对变频器外观进行检查。

①检查变频器的安装空间和安装连接是否符合要求。

②查看变频器的铭牌数据是否与所驱动的电动机相配合。

③检查变频器的主电路接线和控制电路接线是否符合要求，必要时进行测量。

（2）对照变频器系统设计图，对变频器接线进行检查。

①交流电源不要加到变频器的输出端。

②变频器与电动机之间的接线不能超过允许的最大布线距离，检查是否应加交流输出电抗器。

③交流电源线不能接到控制电路端子上。

④主电路地线和控制电路地线、零线的接法应符合

要求。

⑤ 在工频与变频相互切换的应用中,检查电气与机械的互锁是否满足要求。

(3) 对照变频器使用说明书,对电源电压、电动机和变频器控制信号进行测试。

① 检查电源电压是否在允许范围内。

② 测试变频器的控制信号(模拟量和开关量)是否满足工艺要求。

(4) 通电试验。

操作安全提示:

(1) 检查中违章操作可能造成触电事故。

(2) 操作不当可能导致设备损坏。

67. 用 PLC 完成电机 Y-△ 启动控制电路接线。

准备工作:

(1) 正确穿戴劳动保护用品。

(2) 工用具、材料准备:1mm² 绝缘导线若干、4mm² 绝缘导线若干(根据电动机容量选择主回路导线截面)、指针式万用表 1 块、常用电工工具 1 套。

操作程序:

(1) 识读电动机 Y-△ 启动控制图,并识读 PLC 控制 I/O 接线图,如图 21、图 22 所示。

(2) 检测所要使用的元器件质量及数目。

(3) 根据工艺要求绘制梯形图。

(4) 根据工艺要求及梯形图编写程序,并将程序输入 PLC。

(5) 按照 PLC 控制 I/O 口接线图正确安装。

(6) 检查电路,通电调试程序。

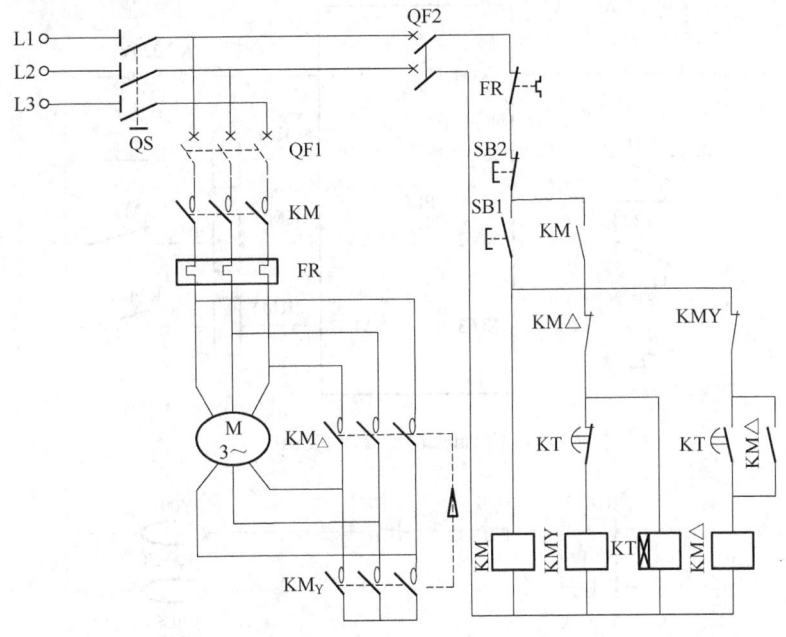

图 21 电动机 Y-△启动电路图

(7) 带负载运行。

操作安全提示:

(1) 操作不当可能损坏设备。

(2) 接线错误可能导致短路。

68. 测量变频器的绝缘电阻。

准备工作:

(1) 正确穿戴劳动保护用品。

(2) 工用具、材料准备:500V 兆欧表 1 块、万用表 1 块、常用电工工具 1 套。

操作程序:

(1) 断开变压器低压测开关,悬挂"禁止合闸,有人工作!"警告牌。

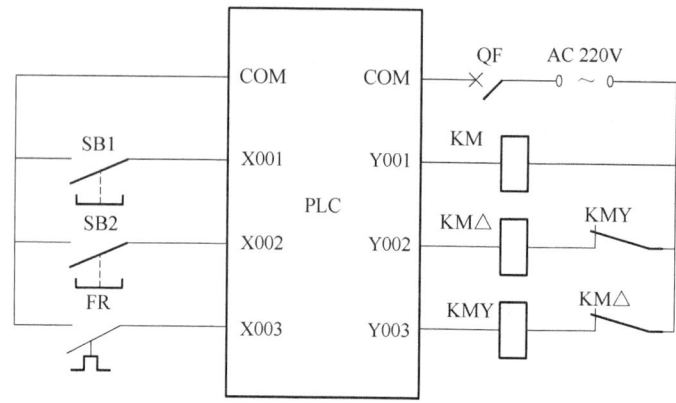

PLC控制电路Y-△启动接线图

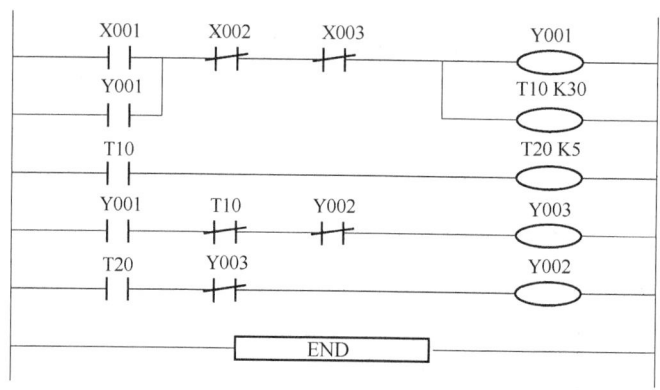

图22 PLC 控制电路 Y-△启动梯形图

（2）测量前，拆除变频器所有外接线，按电缆绝缘要求进行外接线绝缘电阻测量。要断开所有控制电路的连接，防止试验电压窜入控制回路。

（3）将变频器的所有电源进线端子（R、S、T）和出接线端子（U、V、W）全部短接，都连接起来，用500V兆欧表，在断开主电源条件下测试主电路绝缘电阻，如图23所示。兆欧表电压只施加于主电路公共连接线和接地端子之间，兆欧表指示值≥5MΩ为正常、合格。

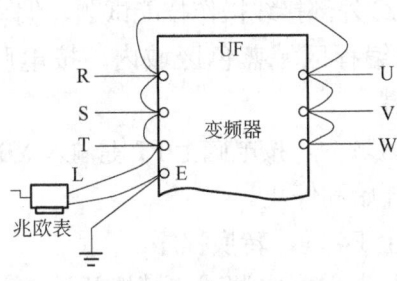

图 23　绝缘电阻的测量

（4）测量控制电路绝缘电阻，用万用表的高阻挡进行控制电路绝缘电阻的测量。在控制电路端子和接地端子之间进行连续测试，测值≥1MΩ为合格。

（5）恢复变频器原来的接线，将变频器投入运行。

操作安全提示：

（1）违章操作可能造成触电事故。

（2）操作不当可能损坏设备。

69. 用三菱 GX Works2 软件中模拟器试验电动机点动运行程序操作。

准备工作：

（1）工用具、材料准备：安装三菱 GX Works2 软件的笔记本电脑 1 台。

操作程序：

（1）软件编程。

① 在电脑桌面用鼠标左键双击 GX Works2 图标，打开编程软件。

② 点击工程菜单栏，选择菜单栏下新建，创建新工程。

③ 选择 FX 系列，FX2N/FX2NC 机型，选择简单工程、

梯形图语言后确定。

④ 根据 PLC 外部接线操作技能试题，编写梯形图程序。

⑤ 在软件编程区域蓝色区域内，按电脑上 F5 键输入 X0 后按 Enter 键。

⑥ 在蓝色区域内，按电脑上 F7 键输入 Y0 后按 Enter 键。

（2）模拟开始和停止。

① 按电脑上 F4 键，转换程序。

② 点击工具菜单栏内调试，模拟开始／停止，模拟操作开始。

③ 点击关闭，退出对话框。

④ 在编程区域内 X0 位置单击鼠标左键后，再单击右键。

⑤ 选择调试，当前值更改，单击 ON 按钮，X0 触点接通。

⑥ PLC 梯形图中 Y0 变为蓝色表示输出。

⑦ 在当前值对话框中单击 OFF 按钮，X0 触点断开。

⑧ PLC 梯形图中 Y0 蓝色消失表示停止输出。

⑨ 再次点击工具菜单栏内调试，模拟开始／停止，模拟操作停止。

（3）收拾工具，清理现场。

操作安全提示：

不能实现模拟功能，需要重新安装 GX Works2 编程软件。

70. 压力变送器高度差的修正。

准备工作：

（1）正确穿戴劳动保护用品。

（2）工用具、材料准备：现场压力变送器装置、数字万用表、压力校验仪 1 台、一字形螺丝刀 1 把、250mm 扳手1把、3m卷尺1把。

操作程序：

(1) 测量变送器取样点至变送器水平位置的高度差。

(2) 根据测量介质的密度，计算误差的修正值。

(3) 检查变送器的电气回路应接线正确，绝缘电阻符合要求。

(4) 仪表回路上电。

(5) 先按设计量程范围校好压力变送器。

(6) 依据修正值调整变送器的零位电位器，使变送器输出4mA为修正压力。

(7) 做好记录并漆封电位器。

(8) 清理现场。

操作安全提示：

(1) 测量高度差时细心、准确、方法得当。

(2) 操作步骤应正确。

(3) 注意仪表迁移方向应符合技术要求，符合安全规范。

71. 热电偶测温检查操作。

准备工作：

(1) 正确穿戴劳动保护用品。

(2) 工用具、材料准备：热电偶测温回路1套、数字万用表1台、绝缘表1台、一字形螺丝刀1把、剥线钳1把、斜口钳1把。

操作程序：

(1) 若热电偶所测温度指示偏高或指示最大，应依次检查控制室接线柜端子处补偿导线是否连接牢固；热电偶接线板处热偶及补偿导线连接是否牢固；补偿导线是否开路；

热偶是否断路；检查补偿导线绝缘电阻是否符合要求等，如果存在问题及时解决。

（2）若热电偶所测温度指示偏低或没有指示，则应依次检查补偿导线是否有接地或短路现象；热偶是否在接线板处有短路现象；补偿导线极性是否接反；热偶极性是否接反；热电偶插深不够；热电偶保护管插深不够等，发现问题应及时解决。

（3）清理现场。

操作安全提示：

（1）检查分析故障方法得当。

（2）处理结果满足使用要求。

（3）质量符合技术要求。

（4）符合安全文明施工要求。

72. 浮筒液位（界位）变送器日常检查。

准备工作：

（1）正确穿戴劳动保护用品。

（2）工用具、材料准备：现场浮筒液位变送器装置1台，数字万用表1台，各种仪表连接接头，透明塑料管3m，十字形、一字形螺丝刀各1把，水壶1把，375mm管钳1把，250mm扳手2把。

操作程序：

（1）打开放空阀和排污阀。

（2）仪表回路接线、上电。

（3）校验灌水设施及标准仪器连接。

（4）根据要求将变送器量程确定为0、50%、100%三个校验点。

（5）计算出对应各校验点输出的灌水高度。

(6) 灌水至满量程校验点对应高度，检查仪表输出电流，若输出电流偏低，应依次检查灌水高度计算是否正确；浮筒安装是否满足使用要求；检查浮筒是否破裂；检查浮筒内是否有脏污；扭力杆是否变形、动作不畅；检查压敏元件是否老化、是否松动；浮筒本体是否有倾斜现象等，并就发现的问题加以处理。

(7) 灌水至满量程校验点对应高度，检查仪表输出电流，若输出电流指示偏高或指示最大，则应依次检查灌水高度计算是否正确；浮筒安装是否满足使用要求；检查浮筒是否脱落；扭力杆是否变形、动作不畅；检查压敏元件是否老化、松动等，并根据判断处理发现的故障。

(8) 若仪表上电后没有任何输出，则应依次检查仪表供电电压是否太低；供电极性是否接反；压敏元件是否松动或损坏；变送器放大板是否故障等，并就发现的问题加以解决。

(9) 故障处理后按浮筒校验规程进行零位、量程校验。

(10) 填写故障分析处理及仪表校验报告。

(11) 停电后拆除检查校验设施。

(12) 清理现场。

操作安全提示：

(1) 工具使用方法应得当。

(2) 故障检查分析步骤应正确。

(3) 仪表调试精度应符合要求。

(4) 应符合安全规范。

73. 气动差压变送器检查操作。

准备工作：

(1) 正确穿戴劳动保护用品。

(2) 工用具、材料准备：现场差压变送器装置1台，标准压力表2台，加压设备1台，各种仪表连接接头，ø6信号管（气缆）3m，十字形、一字形螺丝刀各1把，尖嘴钳1把，250mm扳差压变送器按校验方法接线、供风。

(3) 若仪表没有输出，则应依次检查气源压力、放大器皮膜、放大器钢球、喷嘴挡板位置等是否正常，若不正常，依次排除故障发生位置。

(4) 若仪表输出最大，则应依次检查气源压力、节流孔畅通、喷嘴挡板位置等是否正常，并对发现的问题进行处理。

(5) 若仪表输出振荡，检查放大器钢球组装或变送器杠杆机构组装是否合理、调零弹簧是否并圈等，并重新组装再试，直到排除故障。

(6) 若仪表指示偏低，检查零位是否飘移、量程螺母是否松动等，并重新调整紧固。

(7) 若差压变送器静压误差超差，检查测量膜盒组装是否合理，并重新组装再试，直到符合要求。

(8) 故障处理后重新按规范要求校验变送器。

(9) 计算变送器的示值误差是否在允许范围之内。

(10) 如超出允许误差，应重复调整零位、量程。

(11) 填写校验报告。

(12) 拆除校验设施。

(13) 清理现场。

操作安全提示：

(1) 工具使用方法应得当。

(2) 处理故障步骤应正确。

(3) 仪表调试精度应符合要求。

(4) 应符合安全规范。

74. 用手操器在线读取 FCX 智能变送器参数。

准备工作：

(1) 正确穿戴劳动保护用品。

(2) 工用具、材料准备：有 FCX 智能变送器控制柜端口 1 台，零位、量程、阻尼、位号、线性等仪表内参数清单 1 份，手操器（终端）1 台，钢笔 1 支，A4 纸一张。

操作程序：

(1) 连接手操器。

(2) 实现在线通信。

(3) 读取变送器参数。

(4) 清理现场。

操作安全提示：

(1) 操作步骤应正确。

(2) 读取的参数应正确。

(3) 应符合安全规范。

 常见故障判断与处理

1. 三相电压平衡但三相电压高于或低于额定电压 ±10% 以上故障有什么现象？故障原因有哪些？如何处理？

故障现象：

电动机不能启动、定子绕组过热、定子电流增大。

故障原因：

(1) 三相电压超过额定值 10% 的原因是变压器分接开关挡位不对。

(2) 三相电压低于额定值 10% 的原因有。

① 变压器分接开关挡位不对。

② 变压器总容量不够。

③ 线路供电距离过长。

④ 电力线路导线截面过小。

处理方法：

(1) 测量电源总开关进线、出线的三相电压值。

(2) 若电源总开关进线、出线电压正常，测量负载电源开关的进线、出线电压，如电压低于额定电压 10% 以下，则表明由电源总开关至负载电源开关的线路导线截面积过小。

2. 三相电压不平衡超过 5% 故障有什么现象？故障原因有哪些？如何处理？

故障现象：

一相电压过低、零线电流过大。

故障原因：

(1) 变压器高压侧电压不平衡。

(2) 变压器内部故障。

(3) 变压器至测量点的电力线路断线、接触不良、开关烧损、熔断器熔断等。

处理方法：

(1) 测量配电室低压电源总开关三相电压值，在高压侧电压正常的情况下测得三相电压不平衡，表明变压器内部有故障或由变压器至电源总开关的线路有故障。线路故障大多由接触不良引起，处理方法为检测变压器，查找线路接触不良故障点予以排除。

(2) 电源总开关电压正常，测量电动机电源开关电压,如三相电压不平衡超过 5%,表明由电动机电源开关至配电室总开关一段的线路或某级开关故障。处理方法为由配电室电源总开关逐级测量三相电压,如测至某一级开关三相电压不平衡,表明由该开关至上一级开关之间的线路或开关有故障,一般为接触不良,查找故障点予以排除。

3. 电动机运行不平稳有什么现象?故障原因有哪些?如何处理?

故障现象:
(1) 电动机运行时声音异常。
(2) 电动机运行时振动大。

故障原因:
(1) 电动机所带机械设备问题。
(2) 电动机三相电压不平衡。
(3) 电动机绕组局部短路或损坏。
(4) 电动机本身机械问题。

处理方法:
(1) 拉开三相电源开关,在开关的负荷侧查确无电,实施安全措施,然后接上不带机械设备的空载电动机。
(2) 合上电源开关,拆除安全措施,使电动机空载运行。
(3) 如故障现象消失,说明故障为机械问题,检修机械设备。
(4) 如故障现象仍在,须用万用表测量电动机开关下侧的相对地电压是否平衡,相间电压是否一致,如不一致,检修开关及上侧电力线路。
(5) 如三相电压平衡,故障现象仍未消失,须测量电动机运行时的三相电流不平衡度,在电动机的接线盒外测量电动机三相电流的矢量和，即将三根导线同时放在钳形电流表的钳口内，若测量结果有电流数值显示，表明电动机三相空载电流不平衡，须检修电动机绕组线圈；若电流数值为零或接近零则表明电动机的空载电流平衡，须检修电动机的机械问题。

(6) 停运电动机，根据需要确定是否恢复电动机所带的机械设备。

4. 电动机三相电源缺相故障有什么现象？故障原因有哪些？如何处理？

故障现象：

(1) 电动机运行声音不正常。

(2) 电动机不转或转速特别慢。

(3) 电动机运行中出现过热保护动作而停机。

故障原因：

(1) 高压电源缺相导致低压侧电源缺相。

(2) 变压器内部故障导致低压侧电源缺相。

(3) 变压器低压侧至负荷端的电力线路断线、开关烧损。

处理方法：

(1) 怀疑电动机三相电源有缺相故障，应立即停机，以防止电动机因缺相运行而烧毁。

(2) 若测量电动机电源开关上侧三相电压正常，而开关下侧三相电压不正常，表明电动机电源开关故障，排除方法为更换或检修开关。

(3) 若测量电动机电源开关上侧三相电压缺相，表明供电电路故障，需进一步向上查找。

(4) 若测量配电室电源总开关三相电源电压，测量结果为三相电压正常，表明电源总开关至电动机电源开关的一段线路或某一级开关有断路故障。

（5）故障查找方法：由配电室电源总开关逐级测量各级开关的三相电压，如测得某级三相电压缺相，表明由该开关至上一级开关之间的线路或开关有断路故障。

（6）如测量配电室电源总开关三相电压缺相，表明变压器内部故障或变压器低压侧至总开关有断路故障。排除方法为检测变压器，查找线路断路点，修复断路故障。

5. 电动机主回路缺相故障有什么现象？故障原因有哪些？如何处理？

故障现象：

（1）电动机运行声音不正常。

（2）电动机不转或转速特别慢。

（3）电动机运行中出现过热保护。

故障原因：

（1）电动机控制箱主回路断线接触不良。

（2）电动机绕组断线或接触不良。

处理方法：

（1）停止电动机运行，拉开电动机电源开关，做好安全措施，检查电动机接在控制箱或控制柜的接线端子处确无电压。

（2）拆下电动机接在控制箱或控制柜上的导线，用万用表电阻挡测量至电动机端三根导线的通断，有断路须查找此段电缆或电动机的断点。

（3）合上电源开关，启动电动机的控制电路。

（4）将万用表拨至略大于被测电压的交流电压挡。

（5）测量控制箱或控制柜接电动机的三个接线端子的电压。

(6) 根据测量结果判断故障点，判断方法如下：

测得 A 相与 B 相电压正常、A 相与 C 相、B 相与 C 相无电压，表明 C 相有断路故障。

测得 A 相与 C 相电压正常、A 相与 B 相、C 相与 B 相无电压，表明 B 相有断路故障。

测得 B 相与 C 相电压正常、B 相与 A 相、C 相与 A 相无电压，表明 A 相有断路故障。

(7) 按照步骤（5）逐个测量电动机主回路的其他电气元器件的三相电压，如测至哪个元器件电压正常，则表明该元件与前一次测量电压缺相的元器件之间的线路或电气元器件有断路故障，故障判断方法同步骤（5）。另外，由于电动机的控制电路不同，使用的电气元器件及主回路电路也不同，具体电路的缺相故障的检测方法也不同。

6. 电动机温度超过允许值故障有什么现象？故障原因有哪些？如何处理？

故障现象：

（1）电动机温度过高。

（2）电动机有异常声响。

故障原因：

（1）电动机绕组匝间短路、绕组一相接地、绕组一相断路、笼条断条等；三相电压异常可造成电动机温度升高、电流异常甚至烧毁电动机绕组。

（2）电动机轴承缺油或损坏。

（3）使用环境温度过高。

（4）电动机绕组接线错误，误将△形运行的电动机错误接成了 Y 形。

(5) 电动机启动次数过于频繁。

(6) 电动机自身的风扇叶装反、损坏或风道堵塞。

(7) 高次谐波电流。由于大量大功率的电子设备的使用，电流含有很大的高次谐波分量，当电动机有高次谐波电流流过时，电动机温度上升，电磁噪声增大。

(8) 电动机转子与定子之间气隙过小造成转子与定子铁芯摩擦，引起电动机局部温度升高。

处理方法：

(1) 修复电动机。

(2) 更换润滑油或更换轴承。

(3) 室外电动机可采取搭简易遮阳棚的电流；室内电动机可采取开窗通风的办法或安装排风扇，用鼓风机、电扇吹电动机等办法以改善冷却条件。

(4) 根据电动机的铭牌上所标明的接线方法正确接线。

(5) 减少启动次数或更换满足设备要求的电动机。

(6) 更换扇叶或清除风扇罩上网眼和机壳上散热片的堵塞物。

(7) 加装吸收高次谐波电流的滤波设备。

(8) 拆开电动机抽出转子，查明故障原因后处理。

7. 电动机绕组接地故障有什么现象？故障原因有哪些？如何处理？

故障现象：

(1) 电动机运行时异常振动。

(2) 电动机温度升高。

(3) 测量电动机运行时三相电流不平衡。

(4) 运行一段时间，电动机过载跳闸。

故障原因：

电动机绕组接地。

处理方法：

（1）断开电动机电源开关，打开电动机接线盒，拆除连接片。

（2）将兆欧表"E"端引线接在电动机外壳上，将"L"端引线任意接在三相绕组的一个接线柱上。

（3）摇动兆欧表手柄至120r/min，如测量绝缘阻值大于0.5表明正常，绝缘阻值为零表明绕组有接地故障。

（4）拆下接线盒内的导线及连接片，"E"端测试线接电动机外壳，"L"端测试线接在U相绕组的接线柱上。

（5）摇动兆欧表手柄至120r/min，测得绝缘阻值无限大表明正常，绝缘阻值为零表明U相绕组有接地故障。

（6）用相同的方法摇测电动机V相绕组、W相绕组阻值，确定发生接地故障的绕组。

（7）确定电动机故障后将电动机拆下修理。

8. 停运电动机绕组受潮、绝缘电阻下降故障有什么现象？故障原因有哪些？如何处理？

故障现象：

（1）电动机有受潮锈蚀现象。

（2）用兆欧表测试电动机绕组绝缘下降。

故障原因：

电动机绕组受潮。

处理方法：

（1）断开电动机电源开关。

（2）拆开电动机，抽出转子。

（3）将带有金属网罩的红外线灯泡或比一般普通功率稍大一点的灯泡放入定子铁芯内，给灯泡接上电源，使灯光直接照射到绕组上。

（4）将电动机定子铁芯温度控制在 60～70℃之间，如果温度过高可适当减小灯泡功率，如温度过低可增加灯泡功率，持续干燥几小时至十几小时。

（5）断开灯泡电源，待定子铁芯冷却后，测量定子绕组绝缘阻值，如测得阻值在 0.5MΩ 以上，表明故障排除，否则应继续干燥几小时至十几小时，如故障仍不能排除，表明绕组损坏应更换。

（6）电动机绝缘合格后恢复电动机及接线，改善其工作环境后再投入运行。

9. 电动机过载故障有什么现象？故障原因有哪些？如何处理？

故障现象：

（1）电动机运行声音沉重。

（2）电动机过热。

（3）电动机运行一段时间后出现过载保护动作。

故障原因：

（1）电源电压低于额定的 10% 以下，导致电动机功率输出不足。

（2）电动机自身问题。

（3）电动机过载。

处理方法：

（1）检测三相电源电压正常，若三相电压平衡且波动范围正常，表明电动机过载与三相电压无关。

（2）将钳形电流表拨至高于电动机额定电流的一挡。

（3）测量运行中电动机A相电流、B相电流、C相电流，若测量结果三相电流均大大超过电动机的额定电流值，且三相电流平衡，表明电动机过载。

（4）检查电动机轴承有无过热、听电动机有无定子、转子摩擦声，若无此现象表明电动机自身无问题。

（5）查看电动机所带机械设备铭牌，看要求输入功率是否大于电动机额定功率，或机械设备已超负荷工作。

（6）查明过载原因，排除过载故障或减小电动机负载至电动机的额定功率之内。

10. 电动机转速低于额定转速故障有什么现象？故障原因有哪些？如何处理？

故障现象：

电动机发热、转速低于额定转速。

故障原因：

（1）电源电压过低。

（2）鼠笼转子断条。

（3）负载超标。

（4）绕组故障。

（5）绕线型转子起动装置故障。

（6）电动机缺相运行。

处理方法：

（1）检查电源电压是否过低，用电压表测量电动机输入端电压．如过低则调整电源变压器分接开关提高电压。

（2）检查鼠笼式转子，如果是鼠笼式转子断条，更换新转子。

(3) 检查负载，如果拖动的机械设备输入功率偏大，须选择大容量电动机或减小机械设备输入功率。

(4) 检查绕组，测量电动机绕组的绝缘电阻和直流电阻，如果绕组有故障则修理电动机绕组。

(5) 检查绕线型转子启动装置，如果存在故障则须更换或修理起动装置。

(6) 检查电动机是否缺相运行，如果缺相须排除绕组故障或接线故障，或更换熔丝。

11. 电动机运行时轴承过热故障有什么现象？故障原因有哪些？如何处理？

故障现象：

电动机运行时轴承温度过高或有异响。

故障原因：

(1) 轴承损坏。

(2) 轴承润滑油过多或过少。

(3) 轴承润滑油质量不合格。

(4) 轴承与其他机械部件装配不当。

处理方法：

(1) 检查电动机电流是否超过额定电流值，并听电动机轴承端盖处声音是否正常，如果不正常，则须断电停机，拆开轴承端盖，检查轴承是否损坏，如果损坏，须更换轴承。

(2) 若听电动机运行声音无异常且轴承端盖处过热，须断电停机打开轴承端盖，检查润滑油是否过多、过少或油质不符，如果需要清除或加入轴承润滑油，更换符合质量要求的润滑油。

（3）检查皮带轮、联轴器等装配是否符合要求，如装配不当须重新调整装配皮带轮、联轴器、端盖、轴承盖等，使装配符合要求。

12. 单相电动机通电后不启动故障有什么现象？故障原因有哪些？如何处理？

故障现象：

电源正常，电动机通电后不启动。

故障原因：

（1）轴承损坏或装配过紧。

（2）端盖装配不正。

（3）转轴弯曲。

（4）定、转子相擦。

（5）绕组开路、接地、烧毁或短路。

（6）离心开关未闭合。

（7）启动电容器开路或损坏。

处理方法：

（1）若轴承损坏或装配过紧，须拆卸电动机，更换轴承或修理配合表面。

（2）若端盖装配不正，应调整后重新装配定位。

（3）若转轴弯曲，应校正转轴，达到标准。

（4）若定、转子相擦，须重校轴中心线。

（5）若绕组开路、绕组接地、绕组烧毁或短路，用万用表、兆欧表检查绕组，根据检查情况进行局部处理或全部重绕。

（6）若离心开关未闭合，检查和修理离心开关。

（7）若启动电容器开路或损坏，应更换新电容器。

13. 白炽灯不亮故障有什么现象？故障原因有哪些？如何处理？

故障现象1：

灯泡不亮。

故障原因：

（1）停电。

（2）灯丝断裂。

（3）灯座或开关触点接触不良。

（4）熔丝烧断。

（5）电路开路。

处理方法：

（1）若因为停电引起，检查测量电源电压，看是否停电。

（2）若灯丝断裂，须更换灯泡。

（3）若灯座或开关触点接触不良，把接触不良的触点修复，无法修复时，应更换。

（4）若熔丝烧断，须更换熔丝。

（5）若电路开路，须修复线路。

（6）处理结束后，通电测试。

故障现象2：

灯泡不亮且熔丝接上送电就爆断。

故障原因：

（1）灯座或挂线盒连接处两线互碰。

（2）单回路灯泡过多。

（3）熔丝选择不当。

（4）线路短路。

（5）胶木灯座两触点间胶木严重烧毁。

处理方法：

（1）停电、验电、挂"禁止合闸，有人工作！"警告牌。

（2）检查灯座或挂线盒处，如果两线互碰，应重新接好线头。

（3）若单回路灯泡过多，应扩展回路，减轻单回路负载或扩大线路的导线容量。

（4）若熔丝选择过细，须重新选用较大规格熔丝。

（5）若线路短路，须修复线路。

（6）如果是胶木灯座两触点间胶木严重烧毁，应更换。

（7）处理结束后，拆除警告牌，通电测试。

14. 单管日光灯不亮故障有什么现象？故障原因有哪些？如何处理？

故障现象：

日光灯通电不亮。

故障原因：

（1）灯管灯丝烧断。

（2）线路开路。

（3）灯座、启辉器接触不良。

（4）启辉器损坏。

（5）镇流器烧坏。

处理方法：

（1）将万用表拨至交流电压250V挡，合上开关S，用黑、红表笔测量电压。

（2）测量镇流器接3号线端与零线N之间的电压，如图24（a）所示。若测得电压为零表明火线L至镇流器接3号线端之间有断路，测得电压220V左右为正常。

(3) 测量日光灯座 A 端接 7 号线端与镇流器接 4 号线端之间电压，如图 24（b）所示。若测得电压为零，表明 7 号线断路或与灯座 A 接触不良，测得电压略低于电源电压，表明 7 号线正常。

(4) 测量日光灯座 A 端接 7 号线端与灯座 B 接 4 号线端之间电压，如图 24（c）所示。若测得电压为零，表明 4 号线断路或与灯座 B 接触不良，测得电压略低于电源电压，表明 4 号线正常。

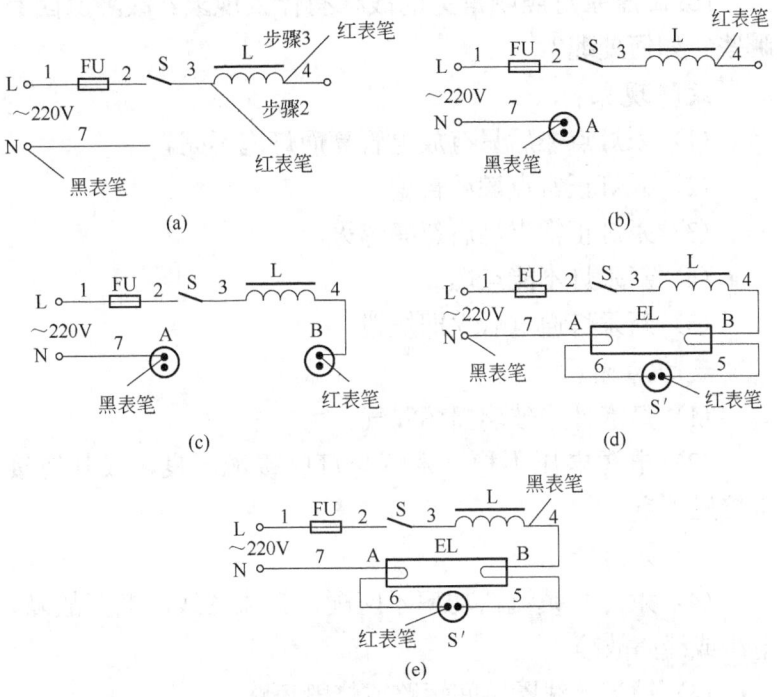

图 24 测量不同位置电压示意图

(5) 装上日光灯管，测量启辉器基座接 5 号线端与零线 N 之间电压，如图 24（d）所示。若测得电压为零，则有以下几种可能：①灯管 B 端灯丝断丝。②灯管与灯座 B 接触不良。③ 5 号线断路。④ 5 号线与灯座 B 或启辉器基座接触不良。测得电压略低于电源电压为正常。

（6）测量启辉器基座接 6 号线端与镇流器接 4 号线端之间电压，如图 24（e）所示。若测得电压为零，则有以下几种可能：①灯管 A 端灯丝断丝。②灯管与灯座 A 接触不良。③ 6 号线断路。④ 6 号线与灯座 A 或启辉器基座接触不良。测得电压略低于电源电压为正常。

15. 高压汞灯照明常见的故障有什么现象？故障原因有哪些？如何处理？

故障现象：

（1）汞灯点燃后只有放电管亮而灯泡不亮。

（2）汞灯正常点燃后自熄。

（3）汞灯正常点燃后忽亮忽灭。

（4）新汞灯不能点燃。

（5）新汞灯通电后立即烧毁。

故障原因：

（1）灯泡外层玻璃损坏漏气。

（2）电源电压不稳，汞灯与灯座接触不良，或其他接点接触不良。

（3）汞灯老化。

（4）汞灯与镇流器功率不匹配，镇流器线圈断路故障、电源或线路故障。

（5）镇流器线圈匝间短路或烧毁短路。

处理方法：

（1）更换新汞灯。

（2）检查电源线路或回路各部位触点。

(3) 更换配套镇流器或排除电源线路故障。

16. 插座常见故障有什么现象？故障原因有哪些？如何处理？

故障现象 1：

插头插上后不通电或接触不良。

故障原因：

(1) 插头压线螺栓松动，连接导线与插头片接触不良。

(2) 插头根部电源线在绝缘皮内部折断，造成时通时断。

(3) 插座口过松或插座触片位置偏移，使插头接触不上。

(4) 插座引线与插座压线导线螺栓松开，引起接触不良。

处理方法：

(1) 打开插头，重新压接导线与插头的连接螺栓。

(2) 剪断插头端部一段导线，重新连接。

(3) 断电后，将插座触片收拢一些，使其与插头接触良好。

(4) 重新连接插座电源线，并旋紧螺栓。

故障现象 2：

插座烧坏。

故障原因：

(1) 插座长期过载。

(2) 插座连接线处接触不良。

(3) 插座局部漏电引起短路。

处理方法：

(1) 减轻负载或更换容量大的插座。

(2) 紧固螺栓,使导线与触片连接好并清除生锈物。

(3) 更换插座。

故障现象3:

插座短路。

故障原因:

(1) 导线接头有毛刺,在插座内松脱引起短路。

(2) 插座的两插口相距过近,插头插入后碰连引起短路。

(3) 插头内部接线螺栓脱落引起短路。

(4) 插头负载端短路,插头插入后引起弧光短路。

处理方法:

(1) 重新连接导线与插座,在接线时要注意将接线毛刺清除。

(2) 断电后,打开插座修理。

(3) 重新把紧固螺栓旋进螺母位置,固定紧。

(4) 排除负载短路故障后,断电更换同型号的插座。

17. 插座线路漏电故障有什么现象?故障原因有哪些?如何处理?

故障现象:

插座线路漏电,断路器出现漏电保护动作。

故障原因:

(1) 漏电断路器损坏。

(2) 线路绝缘层破损。

(3) 插座接线错误。

(4) 用电设备漏电。

处理方法:

(1) 拔下该漏电断路器回路上的所有用电电器插头。

(2) 插座空载时合上漏电断路器，若漏电断路器立即跳闸，须拆下漏电断路器负荷侧所接的零线 N 和火线 L。

(3) 再次合上漏电断路器，若漏电断路器正常不跳闸，则提示插座线路导线有漏电故障，若漏电断路器仍跳闸，则提示漏电断路器损坏，应更换。

(4) 若确定插座线路漏电，选用 500V 或 1000V 兆欧表，将兆欧表 E 端子测试线接地或 PE 线，用 L 端子测试线分别测量已断开的接漏电断路器负荷侧的火线 L 和零线 N 对地绝缘电阻，若某次测得阻值低于 $0.22M\Omega$，提示该根导线对地漏电。测量方法如图 25（a）所示。

(5) 拆下 1 号插座面板，拆开火线导线接头，再次测量火线导线的对地绝缘电阻。若测得阻值无限大，表明漏电断路器与 1 号插座之间的火线正常，若测得阻值低于 $0.22M\Omega$，表明漏电断路器与 1 号插座之间的火线 L 对地漏电。测量方法如图 25（b）所示。

(6) 拆下 2 号插座面板，拆开 2 号插座火线 L 导线接头，测量 1 号插座至 2 号插座火线对地或 PE 线绝缘电阻，判断线路有无漏电，与上述相同。测量方法如图 25（c）所示。

18. 漏电断路器误动或拒动故障有什么现象？故障原因有哪些？如何处理？

故障现象：

漏电断路器在线路工作正常时误动作或存在漏电故障时拒动作。

故障原因：

(1) 漏电断路器不同步合闸。

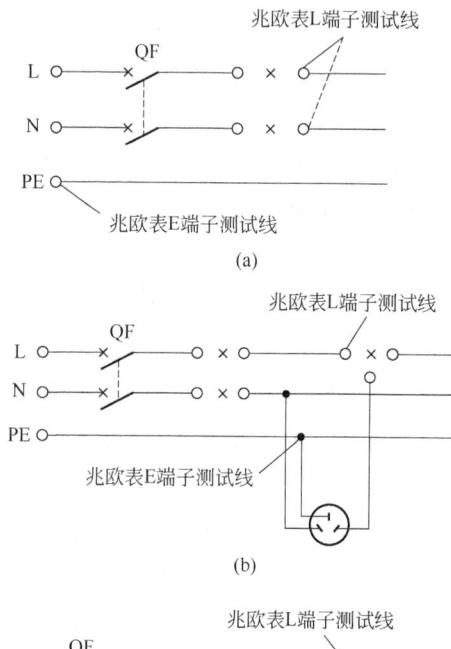

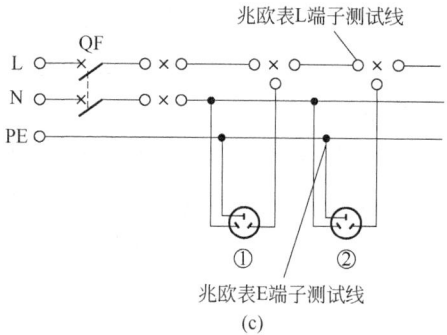

图25 测量不同位置电阻示意图

(2) 强电磁干扰。

(3) 漏电定值过大。

(4) 使用环境恶劣,环境温度、湿度、机械振动超过漏电断路器的设计条件。

(5) 导线较长,有的敷设离地面距离较小,有不平衡的电容电流。

(6) 漏电断路器本身故障。

处理方法：

(1) 更换或调整漏电断路器达到合闸同步。

(2) 更改安装地点或加强屏蔽。

(3) 更换动作电流值稍小的漏电断路器。

(4) 改善漏电断路器的安装环境。

(5) 须更换动作电流值较大的漏电断路器或将漏电断路器迁移至线路后段安装。

(6) 修复或更换漏电断路器。

19. 电缆线路故障有什么现象？如何检查判断？如何处理？

故障现象1：

变压器二次侧电源开关保护动作。

检查判断：

(1) 选用500V或1000V兆欧表并检查完好，采用L端子测试线和E端子测试线测量。

(2) 运行中的电缆必须先停电，测量确已无电后，再进行充分放电，实施安全措施，然后拆下电缆两端与设备或线路连接点，将电缆线芯分开并保持相互及对地在绝缘状态。

(3) 将兆欧表L端子测试线接于电缆A相线芯上，用兆欧表E端子测试线分别测A相与B相、A相与C相、A相与N线的绝缘阻值。若某次测量阻值为零，则提示该次测量的线芯与A相短路；若三次测量阻值均无限大表明正常，电缆线芯无短路故障。

(4) 电缆 A 相与兆欧表 L 端子测试线连接，E 端子测试线接地线或电缆铠，测量 A 相与地线的绝缘阻值。测得阻值为零则提示电缆 A 相接地短路，若阻值无限大表明正常。

(5) 按照步骤（3）和步骤（4）方法测量 B 相与 C 相、B 相与 N 线、B 相对地的绝缘电阻。测量 C 相与 N 相、C 相与地及 N 线与地的绝缘阻值，判断 B 相、C 相、N 线线芯是否短路及是否接地短路，分析测量结果方法同上。

处理方法：

通过电缆故障测试仪对电缆故障定点，将电缆从故障点锯开，剥离损坏部分后做电缆接头。

故障现象 2：

变压器二次侧三相电压正常，负荷处电源开关进线端三相电压不正常。

检测判断：

(1) 停电、验电、放电、实施安全措施。

(2) 将电缆一端线芯短封在一起，另一端线芯分开。

(3) 将兆欧表 L 端子测试线接于电缆 A 相线芯上，用兆欧表 E 端子测试线分别测量 A 相与 B 相、A 相与 C 相、A 相与 N 线阻值三次。若三次测得阻值均为零表明正常，电缆线芯无断路故障；若某一次测量阻值无限大则提示 E 测试线所接线芯相断路；当三次测量阻值均无限大时提示 A 相线芯可能断路，需进一步查找。

(4) 将兆欧表 L 端子测试线接于电缆 B 相线芯上，用兆欧表 E 端子测试线分别测量 B 相与 C 相、B 相与 N 线阻值两次。若两次测得阻值均为零表明 B 相、C 相、N 线正常无断路故障，电缆线芯 A 相断路；若某次测得阻值无限大，则提示 E 测试线所接线芯相断路；若两次测量阻值均无限大时，提示 B 相线芯可能断路。

（5）将兆欧表 L 端子测试线接于电缆 C 相线芯上，用兆欧表 E 端子测试线测量 C 相与 N 线阻值一次。测得结果为零表明电缆线芯 C 相、N 线正常，电缆线芯 B 相断路。若测得阻值无限大，则提示电缆 C 相线芯或 N 相线芯断路。

处理方法：

通过电缆故障测试仪对电缆故障定点，将电缆从故障点锯开，剥离损坏部分后做电缆接头。

20. 三相四线制配电系统零线断路故障有什么现象？如何检查判断？如何处理？

故障现象：

三相负载不对称时，会产生变压器中性点位移，致使三相电压不平衡，即有的相电压过高，可能烧毁电器设备，有的相电压过低，电器设备无法正常使用。

故障原因：

（1）三相负载严重不平衡，零线电流过大或零线导线截面积过小，零线被烧断。

（2）零线接头处接触不良，造成火花现象，时间长了，会引起零线断路。

（3）配电变压器的零线接线柱与导线连接接触不良，维护不到位，会引发零线断路。

（4）配电变压器内部零线引出线断路。

（5）三相四线制线路零线上装有熔断器或单独的开关，

熔丝熔断或拉开开关，造成零线断路。

（6）断开三相四线制线路时，先断开零线。

（7）其他故障引起的零线断路，如大风刮断零线、车辆碰撞电杆、拉线造成零线断路等。

处理方法：

（1）三相四线制供电，单相负载应尽量分配均匀，保持三相负载平衡，加强对三相电流的监视，发现不平衡及时进行调整。

（2）零线电流不能大于相线电流的四分之一，零线导线截面不能小于相线截面的二分之一。

（3）零线的连接要牢固可靠，配电变压器及配电屏的引入、引出线，如采用铝导线，应使用铜铝过渡线夹，发现接头有过热现象及时进行处理。

（4）三相四线制线路的零线，严禁安装熔断器或单独的开关装置。

（5）断开三相四线制线路时，应先断开相线，后断开零线，接线时顺序与之相反。

（6）一旦发生零线断路故障，应尽快切断三相电源进行处理，减小事故危害。

21. CW 型万能式断路器常见故障有什么现象？故障原因有哪些？如何处理？

（1）故障现象：

断路器跳闸。

故障原因 1：

过载故障脱扣（长延时指示灯亮）。

处理方法：

① 在智能控制器上检查分段电流值及动作时间。

② 分析负载及电网运行情况。

③ 如确认过载应立即排除故障。

④ 如实际运行电流与长延时动作电流不匹配，调试匹配。

⑤ 按下复位按钮，将断路器重新合闸。

故障原因 2：

短路故障脱扣（短延时或瞬时指示灯亮）。

处理方法：

① 在智能控制器上检查分断电流值及动作时间。

② 如确认短路故障应排除。

③ 检查智能控制器上的整定值。

④ 检查断路器是否完好，能否合闸运行。

⑤ 按下复位按钮，将断路器重新合闸。

故障原因 3：

接地故障脱扣（接地故障指示灯亮）。

处理方法：

① 在智能控制器上检查分断电流值及动作时间。

② 如确认是接地故障应立即排除。

③ 如无接地故障应检查接地故障电流整定值是否与实际保护匹配。

④ 按下复位按钮，将断路器重新合闸。

故障原因 4：

欠电压脱扣。

处理方法：

① 检查电源电压是否低于 $70\%U_e$。

② 检查欠电压脱扣器及控制单元是否有故障。

（2）故障现象：

断路器不能合闸。

故障原因 1：

欠电压脱扣器没有吸合。

处理方法：

① 检查欠电压脱扣器是否有电。

② 检查电源电压是否低于 $70\%U_e$。

③ 检查欠电压脱扣及控制单元是否有故障。

故障原因 2：

① 复位按钮没复位。

② 断路器未摇到位。

③ 断路器二次回路接触不好。

④ 合闸电磁铁有问题。

⑤ 断路器未储能。

处理方法：

① 按下复位按钮，将断路器重新合闸。

② 将断路器摇到位，应听到"咔咔"两下声响。

③ 检查二次回路接触情况，并予以排除。

④ 检查合闸电磁铁电源电压必须 $\geqslant 85\%U_s$。

⑤ 合闸电磁铁有问题。

⑥ 检查电动机及储能机构是否有故障。

（3）故障现象：

断路器合闸后跳闸。

故障原因：

立即跳闸或延时跳闸。

处理方法：

① 检查合闸时电路中有短路电流，寻找排除故障。

② 检查电路中有无过载电流，寻找排除故障。

③ 检查智能控制器整定值是否合理。

④ 检查断路器机构是否有问题。

⑤ 按下复位按钮，重新合闸。

(4) 故障现象：

断路器不能分闸。

故障原因：

不能由分闸按钮分闸。

处理方法：

① 检查分励脱扣器电路连接有无问题。

② 检查分励脱扣器有无故障。

③ 检查操作机构有无机械故障。

(5) 故障现象：

断路器不能储能。

故障原因：

不能手动储能、不能电动储能。

处理方法：

① 检查储能机构有故障。

② 检查储能电动机有无问题。

③ 检查电动储能装置及电源有无问题。

(6) 故障现象：

断路器在分离位，不能抽出断路器。

故障原因：

手柄未拔出；断路器未完全达到"分离"位置。

处理方法：

拔出手柄；把断路器摇到分离位置。

（7）故障现象：

断路器不能摇到连接位。

故障原因：

有异物落入抽屉座或摇进机构齿轮损坏。

处理方法：

检查有无异物、摇进机构齿条及齿轮情况。

（8）故障现象：

智能控制器屏幕不显示。

故障原因：

智能控制器没有接通电源，辅助电源电压不正常。

处理方法：

① 检查智能控制器电源。

② 智能控制器接通电源，断开再接通，如故障仍在，可能智能控制器有故障。

（9）故障现象：

智能控制器显"ERR9"。

故障原因：

控制器周围温度过高。

处理方法：

降低环境温度。

当断路器故障脱扣后，CW1智能控制器对系统进行故障闭锁，此时系统不发生任何动作，黄色"故障"字符闪烁必须待故障排除后，人工按下控制器复位按钮才能解除系统闭锁恢复正常工作。

22. NA1-2000～6300万能式断路器常见故障有什么现象？故障原因有哪些？如何处理？

（1）故障现象：

断路器跳闸。

故障原因 1：

过载故障脱扣（IL 指示灯亮）。

处理方法：

① 在智能控制器上检查分断电流值动作时间。

② 分析负载及电网情况。

③ 如果过载，请排除过载故障。

④ 如果是实际运行电流与长延时动作电流整定值不匹配，请根据实际运行电流修改长延时动作电流整定值，以进行适当的匹配保护。

⑤ 按下 Reset 复位按钮，重新合闸断路器。

故障原因 2：

短路故障脱扣（Is 或 Ii 指示灯亮）。

处理方法：

① 在智能控制器上检查分断电流值及动作时间。

② 如果短路，请寻找并排除短路故障。

③ 检查智能控制器的整定值。

④ 检查断路器的完好状态。

⑤ 按下 Reset 复位按钮，重新合闸断路器。

故障原因 3：

接地故障脱扣（Ig 指示灯亮）。

处理方法：

① 在智能控制器上检查分断电流值及动作时间。

② 如果有接地故障的请寻找并排除接地故障。

③ 修改智能控制器的接地故障电流整定值。

④ 如果无接地故障的请检查故障电流整定值是否与实

际保护相匹配。

⑤ 按下 Reset 复位按钮，重新合闸断路器。

故障原因 4：

机械联锁动作。

处理方法：

检查两台装有机械联锁的断路器的工作状态。

故障原因 5：

① 欠电压脱扣器故障：额定工作电压小于 $70\%U_e$。

② 欠电压脱扣器控制单元故障。

处理方法：

① 检查欠压脱扣器电源是否接通。

② 检查欠压脱扣器电源电压必须 $\geqslant 85\%U_e$。

③ 更换欠压脱扣器控制单元。

（2）故障现象：

断路器不能闭合。

故障原因 1：

智能控制器上 Reset 没有复位（凸出面板）。

处理方法：

按下 Reset 复位按钮，重新合闸断路器。

故障原因 2：

抽屉式断路器二次回路接触不好。

处理方法：

把抽屉式断路器摇到"接通"位置（听到"咔嗒"）两声。

故障原因 3：

断路器未储能。

处理方法：

① 检查二次回路是否接通。

② 检查电动机控制电源电压必须 $\geqslant 85\% U_e$。

③ 检查电动机储能机构，若有故障，请与制造厂联系更换电动机操作机构。

故障原因 4：

机械联锁动作，断路器已被锁住。

处理方法：

检查两台装有机械连锁的断路器的工作状态。

故障原因 5：

① 闭合电磁铁额定控制电压小于 $85\% U_s$。

② 闭合电磁铁故障已损坏。

处理方法：

① 检查闭合电磁铁电源电压必须 $\geqslant 85\% U_s$。

② 更换闭合电磁铁。

（3）故障现象：

断路器闭合后跳闸（故障指示灯亮）。

故障原因：

① 立即跳闸：闭合了短路电流。

② 延时跳闸：闭合了过载电流。

处理方法：

① 在智能控制器上检查分断电流值及动作时间。

② 如果是短路的请寻找并排除短路故障。

③ 如果是过载的请寻找并排除过载故障。

④ 检查断路器的完好状态。

⑤ 修改智能控制器的电流整定值。

⑥ 按下 Reset 复位按钮，重新合闸断路器。

(4) 故障现象：

断路器不能断开。

故障原因1：

① 不能在本地手动断开断路器。

② 机械操作机构故障。

③ 不能远距离电动断开断路器机械操作机构故障。

④ 分励脱扣器电源电压小于 $70\%U_s$。

⑤ 分励脱扣器损坏。

处理方法：

① 检查机械操作机构，若有卡死等故障，请与制造厂联系更换。

② 检查分励脱扣器电源电压是否小于 $70\%U_s$。

③ 更换分励脱扣器。

(5) 故障现象：

断路器不能储能。

故障原因2：

不能手动储能。

处理方法：

储能装置机械故障，与制造厂联系更换。

故障原因3：

① 不能电动储能。

② 额定控制电动储能装置控制电源电压小于 $85\%U_s$。

③ 储能装置机械故障。

处理方法：

① 检查电动储能装置控制电源电压应 $\geqslant 85\%U_s$。

② 检查储能装置机械，与制造厂联系更换。

（6）故障现象：

抽屉式断路器在"断开"位置不能抽出断路器。

故障原因：

① 手柄未拔出。

② 断路器没有完全到达"断开"位置。

处理方法：

① 拔出摇手柄。

② 把断路器完全摇到"断开"位置。

（7）故障现象：

抽屉式断路器不能摇到"接通"位置。

故障原因：

① 有异物落入抽屉座内卡死摇进机构或摇进机构跳齿等故障。

② 断路器本体与抽屉座的壳架等级额定电流不相配。

处理方法：

① 检查及排除异物，若仍不能摇进，则与制造厂联系更换。

② 选配相同壳架等级额定电流的断路器本体及抽屉座。

（8）故障现象：

智能控制器屏幕无显示。

故障原因：

① 智能控制器没有接上电源。

② 智能控制器有故障。

③ 额定控制电源电压小于 $85\% U_s$。

④ 闭合电磁铁已损坏。

处理方法：

① 请用户检查智能控制器是否已接上电源。

② 切断智能控制器控制电源，然后再送电源。若故障依然存在，请与制造厂联系更换。

③ 检查智能控制器电源电压必须 $\geq 85\% U_s$。

④ 更换闭合电磁铁。

（9）故障现象：

智能控制器故障指示灯亮，按下清灯按钮后仍在亮。

故障原因：

智能控制器有故障。

处理方法：

切断智能控制器控制电源，然后再送电源，若故障依然存在，请与制造厂联系更换。

23. 熔断器常见故障有什么现象？故障原因有哪些？如何处理？

故障现象1：

熔断器过热。

故障原因：

（1）熔断器熔体受到损伤、熔体选择过小或熔体与熔管或瓷盖接触不良。

（2）熔管或瓷盖上的动触点与插座上的静触点接触不良。

（3）插座静触点上的接线端子与导线接触不良或导线过细。

处理方法：

（1）更换熔体。

（2）调整静触点压力或更换熔断器。

（3）重新压接导线。

故障现象2：

通电后熔断丝立即熔断；通电带负载后熔断丝过一会儿

熔断。

故障原因：

(1) 电路有短路故障。

(2) 电路有过载故障或熔体选择过小。

处理方法：

(1) 排除短路故障后更换新熔断丝。

(2) 查明过载原因，更换合适的熔断器或熔断丝。

24. 电流互感器计量回路故障有什么现象？如何检查判断？如何处理？

故障现象：

电能表转速慢或反转。

检查判断：

(1) 停电、验电、实施安全措施。

(2) 拆下 A、B、C 相电流互感器 K_2 上的接线。

(3) 将万用表拨至 R×100 电阻挡，检测 A 相电流回路。

(4) 用红表笔、黑表笔测量电能表 1 号接线端子与 A 相电流互感器 K_1 电阻，如图 26 所示。阻值接近于零为正常，阻值无限大表明 A_{411} 号导线接错位置或断路。

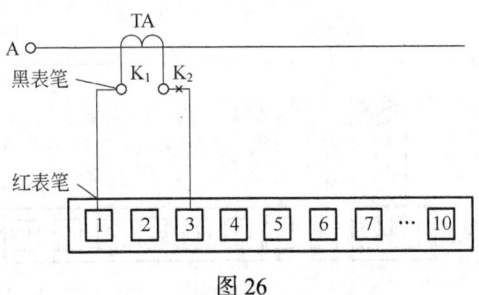

图 26

(5)用红表笔、黑表笔测量电能表 3 号接线端子与 N_{411} 导线另一端电阻,如图 27 所示。阻值接近于零为正常,阻值无限大表明 N_{411} 号导线接错位置或断路。

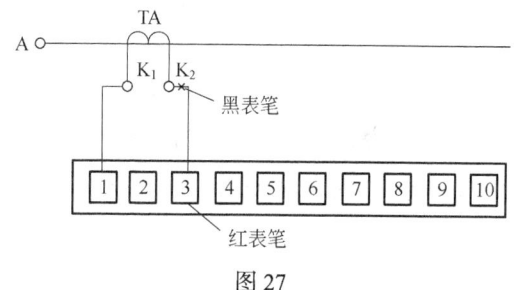

图 27

(6)若发现某导线阻值无限大,应进一步查找故障。例如:若 A_{411} 导线阻值无限大,应用红表笔接电能表 1 号接线端子,用黑表笔分别测量电压回路接电源侧 A、B、C、N 和接电流互感器侧 N_{411}、B_{411}、N_{412}、C_{411}、N_{413} 九根导线的阻值。如果测得某根导线阻值接近于零表明接线错误,该根导线应为 A_{411}。如果阻值均无限大表明导线 A_{411} 断路。

(7)用红表笔、黑表笔测量导线 A_{411} 断开端与 K_2 电阻,如图 28 所示。阻值接近于零为正常。阻值无限大表明电能表 A 相电流线圈或 A 相电流互感器二次绕组断路。

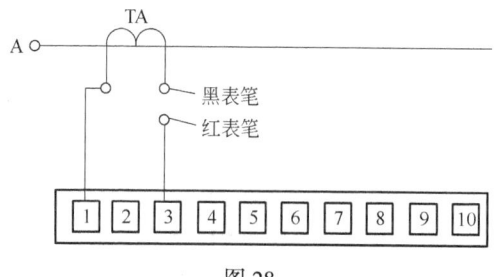

图 28

(8) 用相同方法检测 B 相和 C 相电流回路。

(9) 检测完毕，接上 A、B、C 相电流互感器 K_2 上的导线。

(10) 拆除安全措施。

(11) 合上电源，查三相电源线电压和相电压均应正常。

(12) 将万用表拨至交流电压挡适当的挡位。

(13) 测量电能表 2 号接线端子与电源 A 相电压，如图 29 所示。若测得电压等于线电压 380V 或相电压 220V，表明 A 号导线接线错误，测得电压为零表明同相位正常。

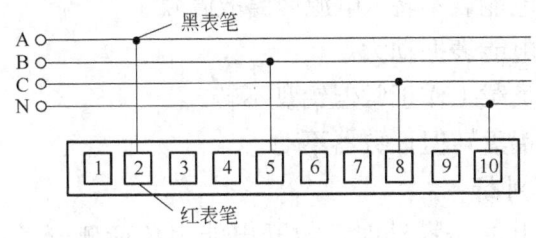

图 29

(14) 测量电能表 2 号接线端子与电源 B 相或 C 相电压，如图 30 所示。测得电压等于线电压 380V 为正常，电压为零表明 A 号导线断路。

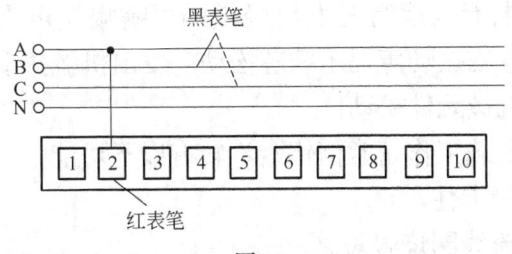

图 30

（15）用同样的方法检测 B 相电压回路和 C 相电压回路。

（16）若检测发现某相电压回路与电源不是同相位表明接线错误。

处理方法：

修复计量回路断点或改正错误接线。

25. 单相机械式电能表故障有什么现象？如何检查判断？如何处理？

故障现象：

(1) 电能表潜动。

(2) 电能表不转（电源回路故障）。

(3) 电能表振动大。

(4) 负载工作正常但铝盘不转。

(5) 铝盘转但计数器不动。

检查判断：

(1) 电能表潜动时，拉开电能表负荷侧开关，若铝盘停止转动表明电能表正常，应查找电能表所带设备或线路是否有漏电故障。

(2) 接通电能表负荷侧负荷，若铝盘仍然停止转动，表明回路开路或开关有故障。

(3) 电能表运行时发出轻微的"嗡嗡"声为正常，如有持续的电磁振动声提示铁芯松动，发出机械振动声提示电磁元件或机械元件松动。

(4) 负载工作正常但铝盘不转有以下可能：

① 铝盘卡住。

② 电流线圈烧毁短路。

③ 电压线圈断路。

④ 表盘不平整，有摩擦现象。

⑤ 电能表安装过于倾斜。

（5）铝盘转但计数器不走字有以下可能：

① 计数器卡字。

② 计数器进位轮损坏。

③ 转盘轴螺杆与计数器齿轮啮合不好。

处理方法：

根据检查情况采取修复线路、更换开关、修复或更换电能表等不同措施排除故障。

26. 电容器的保护装置跳闸故障有什么现象？如何检查判断？如何处理？

故障现象：

补偿电容器回路开关跳闸。

检查判断及处理：

（1）检查电容器开关、电流互感器、电力电缆和接线有无缺陷，以及各个电容器有无发热、喷油、外壳鼓肚和套管放电等异常现象，如有上述现象，更换损坏设备。

（2）如果未见异常，可能是外部故障造成母线电压波动而导致保护装置跳闸，查实后，可进行试送电。

（3）如果保护装置再次跳闸，应对保护装置进行全面的电气试验，以及对电流互感器作特性试验。

（4）如果仍查不出故障原因，就需拆开电容器组，逐台进行试验，直至找出原因。

（5）电容器的保护装置跳闸后，应根据现场情况对故障原因进行判断，在查明原因和消除故障以前，不允许对电容器强行送电。

27. 电热带故障有什么现象？故障原因有哪些？如何处理？

故障现象：

电热带线路断路器跳闸。

故障原因：

（1）线路断路器选型太小。

（2）断路器故障。

（3）接线盒或其他配件短路。

（4）电热带受到机械损坏。

（5）尾端处误将电热带两导线连接。

（6）首尾端绝缘底层收缩。

（7）导电体与管线或屏蔽层短路。

处理方法：

（1）停电、验电、实施安全措施。

（2）核算线路断路器选型大小，重新核对电热带所需电量，再选配合适的断路器（供电电缆亦应选配）。

（3）检查断路器有无故障，如有需对断路器进行检修。

（4）检查接线盒或其他配件有无短路故障。如电热带受到机械损坏、尾端处误将电热带两导线连接、首尾端绝缘底层收缩、导电体与管线或屏蔽层短路等，查出故障点并立即排除。

（5）确定故障判断短路方法如下：

① 检查所有接线配件安装是否完整及防水密封是否损坏。

② 检查管道配件是否维修过而对电热带造成损坏。

③ 检查保温层是否有损坏或压伤。

④ 将线路每一段电热带隔离后分别用摇表测试故障

所在。

(6) 排除故障后，拆除安全措施，通电试验。

28. PLC 常见的故障有什么现象？故障原因有哪些？如何处理？

故障现象：

(1) 面板上 BATTVD 灯亮。

(2) 面板上 POWER 灯闪烁。

(3) 面板上 PROGE ED 灯闪烁。

故障原因：

(1) PLC 内锂电池寿命快结束。

(2) CPU 板存在故障。

(3) PLC 上 24V 电源正极和 COM 端子短路。

(4) PLC 内部电源板损坏。

(5) 梯形图程序设计不合理，设定参数出错。

处理方法：

(1) 更换新锂电池。

(2) 维修或更换 CPU 板。

(3) 检查 PLC 上 24V 电源正极和 COM 端子接线。

(4) 维修或更换 PLC 内部电源板。

(5) 检查梯形图程序，修改设定参数。

29. PLC 实现电动机点动控制常见的故障有什么现象？故障原因有哪些？如何处理？

故障现象：

不能实现点动控制。

故障原因：

(1) PLC 电源输入端 L 或 N 线松动虚接，PLC 供电异常。

(2) 输入点 X 端和 PLC 程序不一致。

(3) PLC 信号输入端子 COM 未经按钮触点接到 PLC 输入端 X。

(4) 输出点 Y 端和 PLC 程序不一致。

(5) PLC 输出点接线错误。

处理方法：

(1) 紧固 PLC 电源输入端 L 或 N 线，检查 PLC 供电。

(2) 更改输入点位置或更改 PLC 程序。

(3) 按正确接线方式接线。

(4) 更改输出点位置或更改 PLC 程序。

30. 用软件编写电动机点动运行程序常见的故障有什么现象？故障原因有哪些？如何处理？

故障现象：

(1) 程序不能通过转换。

(2) 程序不能下载到 PLC 中。

故障原因：

(1) 梯形图编写错误。

(2) 电脑系统缺失文件。

(3) 软件中 COM 端口选择和电脑中 COM 端口不一致。

(4) USB-SC09-FX 编程电缆未连接 PLC。

(5) PLC 未上电。

处理方法：

(1) 查找错误梯形图，并改正。

(2) 若电脑缺失文件，系统重装后再装三菱 PLC 软件。

(3) 更改软件中 COM 端口或更改电脑中 COM 端口保持一致。

(4) 将 USB-SC09-FX 编程电缆连接 PLC。

(5) 将 PLC 通入电源。

31. 三菱 PLC485 通信模块常见的故障有什么现象？故障原因有哪些？如何处理？

故障现象：

模块烧毁，通信失败。

故障原因：

(1) 使用其他设备混合供电导致地电位变化，造成共模电压超出允许范围。

(2) 使用非隔离的 PC/PPI 电缆。

(3) 485 总线中未使用 485 隔离器。

(4) 仪表柜中未安装浪涌吸收器。

处理方法：

(1) 将各个 RS485 接口的信号地用一条低阻值导线连接在一起，保证各节点的地电位相等。

(2) 使用隔离的 PC/PPI 电缆，隔离电缆的隔离层要使用 D 类接地。

(3) 使用 485 总线隔离器，将 485 信号及电源完全隔离。

(4) 安装响应速度更快、承受瞬态功率更大的新型浪涌吸收器，以便承受过大的瞬态功率和瞬间的大电流冲击。

32. 变频器送电失败故障有什么现象？故障原因有哪些？如何处理？

故障现象：

送电跳闸或变频器主电源接线端子部分出现火花。

故障原因：

整流器损坏或中间电路短路。

处理方法：

断开电源线，检查、测量变频器输入端子是否短路，变频器中间电路直流侧端子 P、N 是否短路，如有短路需更换变频器相关配件。

33. 变频器送电无反应故障有什么现象？故障原因有哪些？如何处理？

故障现象：

送电无显示。

故障原因：

变频器内部开关电源损坏。

处理方法：

断开电源线，检查电源是否有缺相或断路情况，如果电源正常则再次上电后检查变频器中间电路直流侧端子 P、N 是否有电压，如果上述检查正常则判断变频器内部开关电源损坏，应更换相应的开关电源模块。

34. 变频器启动无反应故障有什么现象？故障原因有哪些？如何处理？

故障现象：

开机运行无输出（电动机不启动）。

故障原因：

变频器启动参数设置或运行端子接线错误，逆变部分损坏或电动机没有正确连接到变频器。

处理方法：

断开输出电机线，再次开机后观察变频器面板显示的输入频率，同时测量交流输出端子，可能原因是变频器启动参数设置或运行端子接线错误，也可能是逆变部分损坏或电动机没有正确连接到变频器，需重新设置参数，更换配件或重改正接线。

35. 变频器过电压故障有什么现象？故障原因有哪些？如何处理？

故障现象：

运行时"过电压"保护，变频器停止输出。

故障原因：

电网电压过高。

处理方法：

测量变频器输入电压，如果电网电压过高，须调整变压器分接开关降低电网电压。

36. 变频器过电流故障有什么现象？故障原因有哪些？如何处理？

故障现象：

运行时"过电流"保护，变频器停止输出。

故障原因：

电动机堵转或负载过大。

处理方法：

对照检查变频器说明书、电动机铭牌及负载情况，确定是电动机堵转还是负载过大，减轻负载或适当调整变频器参数，如无法奏效则说明逆变器部分出现老化或损坏。

37. 变频器过热故障有什么现象？故障原因有哪些？如何处理？

故障现象：

运行时"过热"保护，变频器停止输出。

故障原因：

散热风机停运转或电动机过热保护关闭。

处理方法：

对照检查变频器说明书、电动机铭牌及负载情况，检查变频器风机，测量电动机温度，确定是环境温度过高超过了变频器允许限额、散热风机损坏还是电动机过热导致保护关闭。

38. 变频器接地故障有什么现象？故障原因有哪些？如何处理？

故障现象：

运行时"接地"保护，变频器停止输出。

故障原因：

变频器及电动机接地不牢或电动机的绝缘损坏。

处理方法：

参考操作手册，检查变频器及电动机是否可靠接地，测量电动机的绝缘度是否正常，采取不同的修正措施。

39. 变频器制动故障有什么现象？故障原因有哪些？如何处理？

故障现象：

制动问题（过电压保护）。

故障原因：

制动时间过短或制动系统失效。

处理方法：

如果电机负载确实过大并需要在短时间内停车，则需购买带有制动单元的变频器并配置相当功率的制动电阻，或调整变频器制动参数及时间。如果已经配置了制动功能，则需要检测制动电阻是否损坏或检测制动单元失效。

40. 变频器电容故障有什么现象？故障原因有哪些？如何处理？

故障现象：

变频器内部发出腐臭般的异味。

故障原因：

主滤波电容破损漏液。

处理方法：

切勿开机，停电打开机盖检查，更换变频器内部主滤波电容。

41. 变频器散热片（oh1）故障有什么现象？故障原因有哪些？如何处理？

故障现象：

变频器故障停机，显示 oh1 故障代码。

故障原因：

散热片过热。

处理方法：

（1）检查变频器控制端子（13、12、11）之间是否短路。

（2）检查温度传感器检测电路是否正常。

（3）检查变频器冷却风扇运行是否正常。

（4）检查散热片通风情况，散热片是否有堵塞现象。

42. 变频器内过热（oh3）故障有什么现象？故障原因有哪些？如何处理？

故障现象：

变频器故障停机，显示 oh3 故障代码。

故障原因：

变频器内部过热。

处理方法：

（1）检查负载是否过大。

（2）检查温度传感器检测电路是否正常。

（3）检查变频器冷却风扇及散热片通风情况，更换堵转冷却风扇，清扫变频器，消除散热片堵塞。

（4）检查周围环境温度是否过高，降低周围环境温度。

43. 变频器外部条件故障有什么现象？故障原因有哪些？如何处理？

故障现象：

变频器运行后，用"电位器"外部模拟输入电压命令值，调节频率正常，而用"DC0-20mA"外部电流命令值，无法调节频率。

故障原因：

变频器运行后，无外部模拟输入电流命令。

处理方法：

（1）"DC0-20mA"外部模拟输入电流命令信号弱，达不到工作要求，对其进行调整。

（2）"DC0-20mA"外部模拟输入电流命令信号极性颠倒、接反，对其进行重新连接。

44. 变频器过载（olu）故障有什么现象？故障原因有哪些？如何处理？

故障现象：

变频器故障停机，显示 olu 故障代码。

故障原因：

电动机过载或变频器自身过载。

处理方法：

（1）检查电动机转动是否灵活。

（2）若负载过重，减小负载。

（3）检查变频器参数表的电动机参数设置是否正确。

（4）若变频器输出电压不正常，可延长加速时间、延长制动时间、检查电网电压。

45. 压力变送器读数不准故障的原因及处理方法？

故障现象：

（1）变送器读数不稳定。

（2）变送器读数不准。

故障原因：

（1）变送器读数不稳定。

① 测量对象压力不稳定。

② 阻尼过小。

③ 存在外界震动/电磁干扰。

（2）变送器读数不准。

① 仪表引压管线不畅通。

② 变送器参数设置不正确。

③ 仪表未校准。

处理方法：

（1）变送器读数不稳定。

① 采取稳压措施或等待。

② 增加阻尼。

③ 消除干扰源。

（2）变送器读数不准。

① 疏通引压管。

② 重新设置出厂参数。

③ 重新校准。

46. 温度变送器输出电流故障的原因及处理方法？

故障现象：

（1）输出电流 ≥ 20mA。

（2）输出电流 ≤ 4mA。

故障原因：

（1）输出电流 ≥ 20mA。

① 变送器电源不正常。

② 电源线未接热电阻输入端。

③ 实际温度超过变送器量程。

④ 热电阻或热电偶断线。

⑤ 接线松动。

⑥ 铂电阻三线制接线错误。

（2）输出电流 ≤ 4mA。

① 变送器电源不正常。

② 实际温度超出测量范围。

③ 铂电阻三线制接线错误。

处理方法：

（1）输出电流 ≥ 20mA。

① 使电源电压、负载符合要求。

② 使电源线接在电源接线端子上。

③ 重新选用适当量程的温度变送器。

④ 更换热电阻或热电偶。

⑤ 接好线并拧紧。

⑥ 重新校准接线。

（2）输出电流 ≤ 4mA。

① 使电源电压、负载符合要求。

② 重新选用适当量程的变送器。

③ 重新校准接线。

47．温度变送器的温度不准故障的原因及处理方法？

故障现象：

指示温度不正确。

故障原因：

（1）参照温度表的精度低。

（2）温度指示仪表的量程与温度变送器的量程不一致。

（3）仪表的输入与相应接线错误。

（4）热电阻（或热电偶）与外壳不绝缘。

（5）变送器电源不正常。

（6）负载的输入阻抗不符合要求。

（7）多点纸记录仪没有记录时输入端断路。

（8）相应的设备外壳未接地。

（9）未与交流电源或其他电源分开走线。

处理方法：

（1）更换精度较高的温度表。

（2）校准量程参数。

（3）校准接线。

（4）进行绝缘处理。

（5）更换电压、负载符合要求的电源。

（6）根据其不同可采取相应措施：如升高供电电压（但必须低于36VDC）。

（7）开路：不能再带负载或改用其他没有记录时输入阻抗≤250Ω的记录仪。

（8）进行接地处理。

(9) 接线应满足布线要求。

48. 电磁流量计的数值无规律跳动故障的原因及处理方法？

故障现象：

数值无规律变化。

故障原因：

(1) 电极完全被绝缘。

(2) 液体流量脉动大。

(3) 电极泄漏液体，检测受潮使电极和地之间绝缘变低。

处理方法：

(1) 清洗电极。

(2) 加大阻尼。

(3) 拆卸、清洗电极，并使电极保持干燥。

49. 电动执行机构无反馈信号故障原因及处理方法？

故障现象：

电动执行机构无反馈信号。

故障原因：

(1) 反馈信号回路线路不通。

(2) 导电塑料电位器接触不良。

(3) 位置反馈线路板电子元件损坏或反馈模块损坏。

处理方法：

(1) 检查信号回路及接线。

(2) 测量电位器阻值，检查焊接点。

(3) 更换电子元件或反馈模块。

第四部分
安全风险识别与预防措施

 人的不安全行为（状态）

1. **安全风险识别**

（1）违章操作。

（2）身体疲倦或服用药物导致出现困顿或嗜睡等体力障碍状态。

2. **防控措施**

（1）杜绝、严禁违章操作，拒绝违章指挥。

（2）一人或多人操作，一人监护。当监护人发现操作人员身体状况有异样时，必须终止其操作资格，并请出工作区域。

（3）熟悉电力安全操作和运行维护规程。

（4）有扎实的基本功，熟悉电路基本原理和实际接线图。

（5）检修维护时需先验电，严禁用手触碰、试探。

（6）登高作业须系安全带且挂在牢固的构件上。

触电

1. 安全风险识别

(1) 安装操作时没有断电。

(2) 没有确认是否带电,不执行操作规程。

(3) 不停电,验电,违反电气安全技术措施、规程。

(4) 未佩戴手套或线手套潮湿破损。

(5) 使用绝缘破损的工具。

(6) 未穿合格的工作服。

(7) 未佩戴合格有效的安全帽。

(8) 作业人员未正确佩戴防护用品。

(9) 非电气专业人员进行用电操作。

(10) 送电、停电操作顺序错误。

(11) 接零保护不符合要求。

(12) 电源配电柜使用不符合要求。

(13) 配电柜或线路停电维修时没有安全提示。

(14) 外部电源接入电网。

(15) 移动工具、手持工具未做到"一机一闸"。

(16) 手持电动工具选型和使用不符合要求。

(17) 开关箱、配电箱标识不符合要求。

(18) 特殊场所照明使用电压不符合安全要求。

(19) 在金属表面上进行用电作业绝缘措施不到位。

2. 防控措施

(1) 安装操作前必须断电。

(2) 确认操作区域已停电,严格执行操作规程。

(3) 停电、验电,严格执行电气安全技术措施、规程。

(4) 佩戴干燥无破损的手套。

(5) 使用绝缘完好的工具。

(6) 穿符合场所要求的工作服。

(7) 佩戴合格、有效并符合场所要求的安全帽。

(8) 按照电工作业规定，正确穿戴劳动保护用品。

(9) 安装、维修、拆除临时用电线路的作业，应由电气专业人员进行。

(10) 送电操作顺序为：总配电箱——分配电箱——开关箱（上级过载保护电流应大于下级）。停电操作顺序为：开关箱——分配电箱——总配电箱（出现电气故障的紧急情况除外）。

(11) 在施工现场专用变压器供电的接零保护系统中，电气设备的金属外壳必须与保护零线连接。保护零线应由工作接地线、配电室电源侧零线或总漏电保护器侧零线处引出，保护零线上严禁装设开关或熔断器，严禁通过工作电流，并严禁断线。

(12) 电源配电柜应安装锁具，并应装设电源隔离开关及短路、过载、漏电保护器。电源隔离开关分断时应有明显断开点。

(13) 配电柜或线路停电维修时，应封挂接地线，并应悬挂"禁止合闸，有人工作"停电标志牌。严禁带电作业，停、送电必须由专人负责。

(14) 各类移动电源及外部自备电源，不得接入电网。动力和照明线路应分路设置。

(15) 移动工具、手持工具等用电设备应有各自的电源开关，必须实行"一机一闸"制，严禁两台或两台以上用电设备使用同一开关。

（16）使用手持电动工具，设备外观应完好，标牌清晰，各种保护罩（板）齐全。

（17）所有开关箱、配电箱应有安全标识，在安装区域内，应在其前方一米远处的地面上用黄色油漆或黄色安全警戒带做示警。

（18）特殊场所应使用安全特低电压（36V/24V/12V）。

（19）铺设合格的绝缘胶皮垫并站在绝缘胶皮垫上施工。

（20）所有电工作业人员须持证上岗，严禁无证人员进行电气设施维修与停电、送电操作。

（21）禁止酒后上岗，避免误操作导致触电事故发生。

 高空坠落

1. 安全风险识别

（1）梯子未放置在坚固平稳的地面上或摆放角度不当。

（2）使用绝缘防滑护脚破损或缺失的金属梯子。

（3）人字梯保险绳或保险扣损坏缺失。

（4）登高借助物不牢靠，承载能力不足。

（5）高空作业未系安全带。

（6）作业人员患有高处作业禁忌症。

（7）作业人员未正确穿戴劳动保护用品。

（8）高处作业使用工具、材料不符合要求。

（9）在同一垂直面进行交叉作业。

（10）在不安全的地方作业。

（11）在不牢固的结构物上进行作业。

(12) 防坠落措施不到位。

(13) 符合条件的作业没有制定安全工作方案。

(14) 人员与架空电气线路安全距离不够。

(15) 恶劣天气下作业。

2. 防控措施

(1) 梯子放置在坚固平稳的地面上，并摆放角度得当。

(2) 使用绝缘防滑护脚完好的金属梯子。

(3) 使用人字梯前检查保险绳或保险扣完好。

(4) 登高借助物要选用牢固且有一定承载能力的。

(5) 高空作业人员必须系好安全带，并将安全带保险端挂在牢固的栏杆上。

(6) 患有高处作业禁忌症的人员，不得从事高处作业。

(7) 作业人员应系好安全带，戴好安全帽，衣着轻便，禁止穿戴易滑的鞋。

(8) 高处作业使用的工具要有防掉绳，随身工具放入工具袋内，严禁上抛下掷施工材料和杂物等。

(9) 禁止上下垂直进行高处作业，如需分层进行作业，中间应有隔离措施。

(10) 禁止在屋架、挑梁、砌体、不固定的结构上行走或作业。

(11) 禁止在不牢固的结构上（石棉瓦、木板条）上进行作业。

(12) 如不能完全消除和预防坠落危害，应评估工作场所和作业过程的坠落危害，选择、安装和使用坠落保护设备。

(13) 工作内容复杂、高处作业周期长、坠落点多等风险程度高的高处作业项目应编制安全工作方案。

(14) 高处作业应与架空线路保持安全距离。

(15) 严禁在六级以上大风和雷电、暴雨、大雾气象条件及40℃及40℃以上高温、-20℃及-20℃以下寒冷环境下从事高空作业。

机械伤害

1. 安全风险识别

(1) 操作时造成设备倾倒或支架坍塌。

(2) 控制箱、柜门打开后，维修过程中前后门突然关闭造成砸伤或挤伤。

(3) 工具、用具使用不当造成人员伤害。

(4) 作业人员未正确穿戴劳动保护用品。

(5) 操作人员站位不当，造成机械伤害。

(6) 违章指挥造成人员伤害及设备损坏。

(7) 设备意外旋转，造成机械伤害。

(8) 施工现场不具备作业条件。

(9) 恶劣天气。

(10) 夜间作业。

2. 防控措施

(1) 操作时注意力度及身体姿态，时刻关注设备或支架平稳状况。

(2) 对控制箱、柜门前后门进行有效的位置控制。

(3) 必须正确使用工具、用具。

(4) 按照作业规定，正确穿戴劳动保护用品。

(5) 停运后，启用刹车等保险装置，运转区域禁止站人。

(6) 现场指挥将施工风险和措施告知施工人员，现场严格按照操作规程进行指挥，确认无安全隐患后进行下一步工序。

(7) 设备刹车系统完好，采用保险装置。

(8) 检查现场环境，符合作业条件方可作业。

(9) 作业遇暴雨、大雾及六级以上大风时，禁止起重作业。

(10) 控制夜间作业，生产急需必须制定严密的防范措施，保证充足的照明。

物体打击

1. 安全风险识别

(1) 施工人员未按要求穿戴劳动保护用品，造成人员伤害。

(2) 高处作业使用的工具、材料不符合要求。

(3) 作业点周围未设置警戒区，造成人员伤害。

(4) 特种作业人员未持证上岗。

(5) 工具、用具使用不当造成人员伤害。

(6) 交叉作业造成人员伤害。

(7) 操作人员站位不当造成人员伤害。

2. 防控措施

(1) 进入现场人员必须按规定穿戴劳动保护用品，从安全通道进入工作现场。

(2) 高处作业使用的工具要有防掉绳，随身工具放入工具袋内，严禁上抛下掷施工材料及杂物。

（3）作业点周围设警戒区，应有明显警示标志，并设专人监护。

（4）检查特种作业人员操作证，必须持证上岗。

（5）必须正确使用工具、用具。

（6）责任分工明确，严禁交叉作业。

（7）禁止站在吊装物体上，运转区禁止站人，吊车起重臂及旋转范围内禁止站人。

起重伤害

1. 安全风险识别

（1）指挥不当或起吊方式不对，造成脱钩或摆动伤人。

（2）违反操作规程，超载起重或人员处于危险区域。

（3）吊具失效造成重物坠落。

（4）操作系统失灵，安全装置失效。

（5）构件强度不够造成倾倒。

2. 防控措施

（1）操作人员及指挥人员需要对起重现场情况了解清楚，做好安全技术交底工作，开展工作前安全分析。

（2）起重作业人员须经有资格的培训单位培训并考试合格，才能持证上岗。

（3）严格检验和修理起重机机件，如钢丝绳、链条、吊钩、吊环和滚筒等，报废的应立即更换。

（4）起重机械必须设有安全装置，如起重量限制器、行程限制器、过卷扬限制器、电气防护性接零装置、端部止挡、缓冲器、联锁装置、夹轨钳、信号装置等。

（5）建立健全维护保养、定期检验、交接班制度和安全操作规程。

七  火灾

1. 安全风险识别

（1）可燃气体、可燃液体和可燃固体遇明火燃烧。

（2）可燃气体、可燃液体和可燃固体遇高温物体起火。

（3）可燃气体、可燃液体和可燃固体被雷电击中起火。

（4）电气线路短路、过载、接触不良、电弧等引发起火。

（5）可燃气体、易燃液体输送过程中遇静电火花或其他火花引发起火。

（6）部分在空气中自燃的物质如黄磷、硅烷和遇水自燃的金属如钠、钾、锂等在储存和使用过程中不当也会引发起火。

（7）设备泄漏，高温易燃介质流出引发起火。

2. 防控措施

（1）有可燃物的作业现场严格控制明火存在，对必须动火作业的情况，需要经过审批，确保现场安全的情况下才能作业。

（2）有可燃物的作业现场，高温设备表面必须进行保温处理，不得使用碘钨灯和大功率白炽灯。

（3）有火灾危险的场所必须定期进行防雷检测，确保防雷设施有效。

（4）定期对电气线路进行检查，确保用电安全，易燃易爆场所应使用防爆电气设备。

（5）易燃易爆场所设备应有静电导出措施，操作人员

应使用防静电工作服,使用不产生火花的工具。

(6) 易自燃的危险物质必须做好保护储存措施,防止泄露。

(7) 做好设备维护保养,防止高温易燃介质泄漏。

(8) 配电室内严禁存放易燃易爆物品。

(9) 加强电气连接部位检修维护,避免设备接触不良过热导致电气火灾。

(10) 空气开关上下两侧须安装挡弧板,避免相间短路导致的火灾。

 中毒、窒息

1. 安全风险识别

(1) 进入受限空间作业未进行气体检测。

(2) 有毒场所未佩戴防护用具,未进行有效监护。

(3) 缺氧或有毒气体设备内作业,未制定有效的隔离措施。

2. 防控措施

(1) 进入受限空间作业,必须对作业环境的氧含量、可燃气体含量、有毒气体含量进行分析。

(2) 在有毒场所作业时,必须佩戴防护用具,必须有人监护。

(3) 进入缺氧或有毒气体设备内作业时,应切实做好工艺处理工作,将受限空间吹扫、蒸煮、置换合格;对所有与其相连且可能存在可燃可爆、有毒有害物料的管线、阀门加盲板隔离,不得以关闭阀门代替安装盲板,盲板处应挂标识牌。

参考文献

[1] 于宝水,宋明利,李春辉. 图表详解变频器典型应用 100 例 [M]. 北京:机械工业出版社,2018.

[2] 于宝水. 三菱 PLC 典型应用实例 100 例 [M]. 北京:中国电力出版社,2020.

[3] 中国石油大港油田公司. 维修电工标准化操作 [M]. 北京:石油工业出版社,2021.

[4] 中国石油天然气集团有限公司人事部. 油气田开发专业危害因素辨识与风险防控 [M]. 北京:石油工业出版社,2018.

[5] 秦忠全. 低压电工实用技能全书 [M]. 北京:化学工业出版社,2017.

[6] 张振文. 电工手册 [M]. 北京:化学工业出版社,2017.

[7] 中国石油天然气集团有限公司人事部. 维修电工(上册)[M]. 青岛:中国石油大学出版社,2020.

[8] 中国石油天然气集团有限公司人事部. 维修电工(下册)[M]. 青岛:中国石油大学出版社,2020.